KB267341

자유주의 이전의 자유

LIBERTY BEFORE LIBERALISM

Copyright ⓒ Q. R. D. Skinner 1998

All rights reserved.

Korean translation copyright ⓒ 2026 by GYOYUDANG Publishers
Korean translation rights arranged with CAMBRIDGE UNIVERSITY PRESS
through EYA Co.,Ltd

이 책의 한국어판 저작권은 EYA Co.,Ltd를 통해 CAMBRIDGE UNIVERSITY
PRESS와 독점 계약한 (주)교유당이 소유합니다.
저작권법에 의하여 한국 내에서 보호를 받는 저작물이므로 무단 전재 및 복제
를 금합니다.

자유주의 이전의 자유

퀜틴 스키너 지음 | 조승래 옮김

교유서가

일러두기

· 이 책은 『퀜틴 스키너의 자유주의 이전의 자유』(푸른역사, 2007)를 역자의 서
  문과 보론을 덧붙여 재출간한 도서다.

· 해설과 보론에 해당하는 「노예의 자유를 넘어서」와 「로크의 자유론」은 역자가
  쓴 것이다.

· 각종 용어는 국립국어원 외래어 표기법에 따랐으나 일부 용어는 역자의 뜻에
  따랐다.

이 책이 처음 번역되어 나온 것은 2007년이었다. 그해가 유월 항쟁 20주년이 되는 해라서 이 책의 발간은 매우 뜻깊은 일이었다. 저자인 퀜틴 스키너가 밝혔듯이 이 책의 목적이 좀더 민주적인 자유의 의미를 서구 지성사에 묻혀 있는 지층에서 발굴해 내는 것이어서, 나는 이 책을 번역해 우리나라 독자들에게 선보이는 것이 자유를 위한 투쟁의 20주년을 기념하는 시의적절한 작업이라고 생각했다. 당시 〈한겨레〉와 뜻밖에도 〈조선일보〉가 동시에 작지 않은 지면을 할애해 서평을 실었고 그다음해 대한민국 학술원 기초학문육성 우수 학술 도서로 선정되어 그 진가를 인정받았던 기억이 새롭다.

그로부터 18년이 훌쩍 지난 지금 이 책을 다시 출간하자는 교유서가의 제안을 받고 나는 매우 기뻤다. 이 책이 지금도 서구 지성계에 영향력을 발휘하고 있기 때문이다. 스키너는 여러 대학과 학술 단체에서 이 책의 논지를 그대로 펴는 강연을 이어가고 있고, (독자들은 구글 검색을 통해 그 강연을 들을 수 있고 강연문도 구해 읽을 수 있다.) 개정 증보 작업 없이 케임브리지대학출판부를 통해 계속 이 책을 찍어내고 있다. 이 책의 생명력은 신자유주의 세계화에 의해 제기되는 오늘날의 참담한 상황이 새로운 지적 이념적 모색을 요구하기 때문에 유지된다고 할 수 있다. 물론 인간이라면 누구라도 추구하는 자유라는 주제가 지니는 보편성도 이 책에 대한 평가에 작용했을 것이다.

또한 작금의 우리나라 상황에서 볼 때도 이 책의 재출간은 의미가 있다. 탄핵당한 전임 대통령은 연설과 담화 때마다 자유를 강조했다. 그 핵심 요지는 진보 세력 혹은 (종북) 좌파에 의해 자유가 훼손되었다는 것이다. 그러면서 전임 대통령이 제시한 것은 자신의 부친이 일독을 권했다는 시카고대학의 신자유주의 경제학자였던 밀턴 프리드먼(Milton Friedman)이 그의 부인과 함께 쓴 『선택할 자유』라는 번역본 책의 사진이었다. 전임 대통령이 시도한 무모한 내란이 진압되고, 민주주의적 정상 상태에 진입한 지금, 이 책은 자유의 진정한 의미가 무엇인지를 곱씹어 보는 데 매우 유용할 것이다.

이 책에서 저자인 스키너는 오늘날 헤게모니를 장악한 자유주의의 자유론보다 더 민주적이며 평등을 지향하던 자유론을 17세기 잉글랜드 혁명 시기 의회파 공화주의자들의 정치적 담론에서 찾아내고 있다. 그는 이 책이 나오기 오래전부터 자유주의 자유론에 대한 비판과 그것을 대체할 수 있는 다른 자유론을 지성사적으로 추적하는 작업을 계속해왔다. 그리고 그의 이러한 작업은 역사학을 넘어 정치학과 철학에도 큰 영향을 미쳤다. 대표적으로 1997년 철학자인 필립 페티트(Philip Pettit)는 스키너의 지성사적 연구에 기초해 『공화주의: 자유와 정부에 대한 이론*Republicanism: A Theory of Freedom and Government*』을 옥스퍼드대학출판부에서 펴냈는데, 이 책은 오늘날 정치학과 정치철학에서 공화주의 연구의 붐을 일으킨 하나의 고전이 되었다.

스키너의 자유론을 페티트의 그것과 묶어 학계에서는 일반적으로 공화주의적 자유론이라고 부른다(여기에 대해 역사가로서 스키너 자신은 '신로마적neo-Roman' 자유론이라는 용어를 선호한다. 그 자유론의 지성사적 뿌리가 로마 공화국의 역사가들과 철학자들의 담론과 로마법에 있다고 보기 때문이다). 오늘날 자유주의 자유론은 자유를 단지 간섭의 부재로 규정한다. 그러나 공화주의 자유론은 자유는 단지 간섭받지 않는 것이 아니라 지배받지 않는 것이라고 규정한다. 노예의 예를 들어보자. 인자한 주인을 만나 간섭받지 않고 편하게 살아가는 노예는 자유로울까? 그렇지 않다는 것이다. 왜? 마음이 바뀌면 주인은 언제라도 노예의 삶에 간섭하고 더 나아가 노예를 핍박하고 억압할 수 있기 때문이다. 노예들도 그것을 알고 이미 자신의 행동에 대해 자기검열을 하고 살아갈 뿐이다. 이렇듯 자유는 타인의 선의나 자애에 의존해 누리는 것이 아니라 우리 모두가 공동체의 평등한 구성원으로서 서로가 서로에게 끓리지 않고 눈을 깔아야 하는 강자도 상위자도 없이 인격적 독립을 보장받을 때 누릴 수 있다는 것이다. 당장은 간섭하지 않는다고 해도 마음만 먹으면 언제라도 자의적으로 간섭할 수 있는 힘을 소유한 개인이나 세력이 있다면 우리는 결코 자유로울 수 없다는 것이다.

스키너는 간섭의 부재가 자유의 필요조건일 수는 있지만 충분조건은 아니라고 본다. 그리하여 진정한 자유는 단지 간섭의 부재가 아니라 자의적 간섭의 잠재적 보유 상태의 부재라고 강조한다. 어느 일방이 당장은 행사하지 않지만 다른 일방에 대해 언제라도 자의적으로 간섭할 수 있는 힘을 잠재적으로 보유하고 있는 한 다른 일방은 늘 자유롭지 못하다는 것이다. 17세기 잉글랜드 혁명에서 의회파 공화주의자들이 군주제를 폐지하려고 한 이유는 바로 군주들이 자의적으로 행사할 수 있는 전제권력이 인민의 자유와는 양립할 수 없다고 믿었기 때문이라는 것이다. 스키너는 자유의 반대말은 간섭이 아니라 예종이라고 주장한다. 즉 그 누구로부터도 자의적 간섭을 받지 않는 독립적 동등자로서 지위를 확보해야만 자유를 누릴 수 있다는 것이다.

페티트는 한 걸음 더 나아가 간섭의 부재가 자유의 필요조건도, 충분조건도 아니라고 주장한다. 간섭이 없다고 꼭 자유로운 것도 아니고 간섭한다고 해서 반드시 자유를 침해하는 것도 아니라는 것이다. 예를 들어 법이 우리의 삶에 간섭한다고 해도 법은 우리의 복지와 안녕을 위해 우리가 만든 것이기 때문에 법을 지킨다고 해서 자유를 상실하는 것이 아니다. 그의 이러한 주장은 정부와 사회의 간섭과 규제가 개인의 자기 선택권을 침탈하고 자유를 박탈한다는 자유주의 자유론에 대한 반박이다. 그는 자유의 반대말은 간섭이 아니라 지배라고 규정한다. 지배는 곧 공동의 이익과 복지에 반하는 어느 일방의 다른 일방에 대한 자의적 간섭을 말한다.

이러한 공화주의 자유론은 오늘날 우리는 과연 자유를 누리며 살고 있는지에 대한 의문을 제기한다. 예를 들어보자. 패권 국가와 다국적 대기업들은 다른 나라들의 정책과 세계인들의 삶에 일일이 간섭하지는 않지만 구조적으로 이미 지배권을 행사하고 있지 않은가? 인사권과 재정권을 전적으로 행사할 수 있는 사립학교재단 이사장이 비록 인품이 있고 자애로워서 교직원들에 대해 간섭하지 않는다고 해서 그 교직원들은 과연 자유로울까? 고용계약이 고용주에게 일방적으로 유리하다고 해도 궁핍한 삶 때문에 거절할 수 없는 피고용인은 고용주에게 간섭이나 강요를 받지 않았다고 해서 정녕 자유 계약의 당사자라고 할 수 있는가?

얼마 전 코로나19 바이러스 팬데믹 사태 때 백신과 마스크를 극렬하게 거부하는 집단들은 그것을 의무화하는 것이 개인의 선택에 간섭해 자유를 침해하는 것이라고 악을 썼다. 이때 미합중

국 대통령 트럼프는 그들을 향해 자유를 박탈하려는 주들을 해방시키라고 사주했다. 과연 이들이 말하는 자유란 무엇인가? 개인의 선택은 그것이 타인의 건강을 해치고 심지어 죽음을 초래해도 신성하단 말인가? 그것이 자유란 말인가? 대기업은 때를 가리지 않고 규제를 철폐해서 기업 활동의 자유를 보장해야 사회가 풍요로워지고 발전한다고 주장한다. 환경생태의 보전을 위해 환경영향평가를 하고 근로자의 안전을 위해 중대재해방지법을 시행하고 독과점의 폐해를 막기 위해 공정거래법을 엄격히 적용하는 것이 과연 자유를 침해하는 것인가? 이들이 주장하는 자유는 자신의 욕망을 아무런 간섭 없이 그리고 그 욕망의 결과를 평가하지도 않고 그대로 표출시키는 것을 의미하는 것 같다. 자유주의가 말하는 자유, 간섭의 부재로서 자유, 그것은 자유라는 이름으로 포장된 욕망일 뿐이다. 그러나 자유는 그 욕망 너머에 있다.

인간이 진정 자유롭다는 것은 자신의 욕망을 아무런 간섭이나 방해받지 않고 발산하는 것이 아니다. 즉 자신이 하고 싶은 것을, 할 수 있는 기회를 더 많이 포착하는 것이 아니다. 그것은 자신이 다른 인간이나 집단 혹은 세력의 자의적 의지에 종속당하지 않는 독립적 인격이라는 것을 증명하는 것이다. 다른 말로 하면 자신이 자유 공동체의 평등한 일원이라는 것을 늘 각인시키는 것이다. 즉 자유는 침해받아서는 안 되는 개인의 사적 영역을 지키는 것이 아니라, 서로가 서로에게 꿇리지 않는 공동체의 공적 영역을 넓혀가는 것이다. 이 책의 저자는 이를 다음과 같이 표현한다.

"민주주의 없이 자유 없다."

끝으로, 이 책의 내용을 좀더 잘 이해하기 위해서 독자들에게 몇 말씀을 건네고 싶다. 역자 서문과 초판에 실렸던 역자의 서문, 저자의 한국어판 서문, 그리고 역자의 다소 긴 해설인 「노예의 자유를 넘어서」를 차례대로 읽고 나서 본문으로 들어가기를 바란다. 자유는 간섭받지 않는 것 그 이상도, 그 이하도 아니라는 자유주의 자유론이 우리 안에 내면화되어 있는 지금 저자가 들려주고 싶은 공화주의 자유론 혹은 '신로마적' 자유론은 많이 생경하리라고 믿기 때문이다.

본문을 다 읽은 다음에 역자가 새로 쓴 보론인 「로크의 자유론」을 읽어주기 바란다. 본문에 나오는 많은 잉글랜드 지식인은 생소해도 동시대를 살았던 로크는 이미 중고등학교 교육과정에서 배운 적이 있어서 다 알 것이다. 미국독립혁명과 프랑스대혁명에 큰 영향을 준 로크는 근대 초 절대왕정의 왕권신수설을 타파하고 천부적인 기본권의 보존을 위한 개인들의 동의와 신탁에 의한 정부 수립을 주장함으로써 근대적 정치체제의 틀을 짠 철학자로 유명하다. 그런데 이 책에는 로크가 보이지 않아 궁금해할 독자들이 많을 것이다. 스키너가 들려주고 싶은 자유론이 좀더 민주적인 자유론이라면 왜 로크에 대해서는 말하지 않는 걸까? 스키너는 로크가 자신이 발굴해낸 공화주의적 혹은 '신로마적' 지식인들과는 번지수가 다른 곳에서 주파수가 다른 소리를 냈다고 평가했기 때문이다. 그러나 같은 공화주의 자유론의 설파자인 페티트는 로크의 자유론이 공화주의 자유론의 정수를 보여주고 있다고 상반된 해석을 제시한다. 잘 읽어보고 누구 말이 더 믿을 만한지 따져보시기를 바란다.

2025년 겨울
조승래

차례

초판 역자 서문*

이 책은 1998년 퀜틴 스키너가 케임브리지대학교 근대사 왕립 석좌 교수에 취임하면서 행한 강연을 발전시킨 것이다. 영국 학술원 회원이기도 한 스키너는 근대 초 서양 정치사상사 연구에서 탁월한 업적을 낸 지성사가이면서 동시에 자유주의 헤게모니에 줄기차게 도전해온 정치이론가로 명망을 쌓아왔다.

스키너의 강연이 있기 40년 전인 1958년 아이제이아 벌린이 옥스퍼드대학교 사회정치이론 강좌 교수에 취임하면서 '자유의 두 개념'이라는 제목의 강연을 했는데, 스키너의 강연은 거기에 맞서 자유를 새롭게 해석한 것이다. 벌린의 자유론이 서구 지성계의 담론에서 좌파적 수사가 우세했던 시대에 우파적 전통을 고수하기 위한 것이었다면, 스키너의 그것은 자유주의 혹은 신자유주의가 세계화의 보편원리로 작동하는 현상황에 도전하기 위한

---

* 이 글은 2007년 출간한 『퀜틴 스키너의 자유주의 이전의 자유』(푸른역사)의 역자 서문이다.

것이었다. 이렇듯 서양 지성사 학계의 두 거목이 40년의 시차를 두고 영국의, 더 나아가서는 서구의 지성을 대표하는 두 대학교의 특임교수직에 취임하면서 행한 강연의 주제가 자유였다는 사실은 매우 의미심장하다. 이는 자유가 인간의 삶에서 중요한 보편적 가치이며, 동시에 그것을 어떻게 규정해야 하는지는 개인의 세계관에 따라 그리고 역사적 맥락에 따라 달라질 수 있음을 보여주는 것이다.

사실 자유라는 관념은 서구 지성사에 등장하는 담론의 주요 대상이었다. 이 책은 17세기 잉글랜드 혁명을 전후로 한 잉글랜드 지식인들의 자유에 대한 담론을 분석한다. 그런데 우리에게 익숙한 것은 19세기의 자유론이다. 밀의 『자유론』이 고전의 반열에 오른 지는 이미 오래전의 일이지만, 밀 이외에도 자유를 연구하고 설파한 지식인들은 많았다. 19세기에 들어와 한편으로는 시민혁명의 원리가 제도화되고, 다른 한편으로는 산업혁명의 여파가 사회 문제를 야기하면서 자유를 어떻게 규정해야 하는지를 놓고 상반된 견해가 표출되었다. 예를 들어 자코뱅주의를 극복하고 대의민주제의 정착을 목표로 삼았던 프랑스의 뱅자맹 콩스탕은 자유를 '고대적 자유'와 '근대적 자유'로 구분하면서, 근대 시민 사회에서는 공동체주의를 지향하는 전자가 아니라 개인주의를 추구하는 후자가 적합하다고 주장했다. 반면에 영국의 토머스 힐 그린은 산업혁명이 야기한 사회 문제를 해결하기 위해서는 자유를 개인주의적 계약의 자유로서 간섭의 부재로만 생각하지 말고,

공동선의 추구를 통한 자아실현이라는 적극적인 의미로 규정해야 한다고 주장했다.

20세기 후반에 들어와 좌우 이데올로기가 첨예하게 대립하면서 논쟁은 계속되었다. 냉전적 상황에서 사회주의, 공산주의와 같은 좌파 이념의 확산을 막기 위해 간섭의 부재라는 의미의 개인의 사적 자유를 옹호하려는 벌린의 자유론이 나왔다. 그리고 그것은 곧 자유주의 진영의 정전이 되면서 서구 자본주의 사회에서 헤게모니를 장악했다. 그러나 세기말에 와서는 자유주의 혹은 신자유주의의 헤게모니에 대항하는 공화주의 자유론이 등장해 주목을 받았다. 오늘날 정치사상사 학계나 정치이론 학계에서는, 자유주의는 인간을 인간이게 하는 것은 사적 개인으로서 침해받을 수 없는 최소한의 권리라고 보고 있다. 반면 공화주의는 그것을 공적 시민으로서 갖추어야 할 덕이라고 본다. 그리하여 자유주의는 자유를 순전히 사적이고 개인적인 영역에서 논한다. 자유란 타인의 혹은 외부의 간섭이 없는 것 그 이상도 그 이하도 아니라는 것이다. 그것은 정치 제도와도 상관 없이 어떤 체제하에서도 누릴 수 있는 것이다. 이 논리대로라면 노예도 주인이 간섭하지 않는 한 자유로울 수 있다. 특히 인자한 주인을 만난 노예는 자유인 못지않게 자유로울 수 있다.

스키너는 자유주의 자유론의 바로 이러한 맹점을 비판한다. 그는 한 개인의 자유가 타인의 선의와 재량에 의한 것이라면 그것은 자유가 아니라고 단언한다. 자유는 오로지 평등한 자유인들만이 누릴 수 있다는 것이다. 스키너도 자유라는 말의 뜻이 제약의 부재라는 것을 부인하지는 않는다. 그러나 이때 중요한 것은 제약을 어떻게 규정해야 하는가 하는 문제라고 그는 주장한다. 공동체의 평등한 구성원의 지위를 누리지 못하게 하는 조건이 바로 제약의 본질적 부분이라는 것이 그의 논지의 핵심이다. 즉 자유 공동체 안에서 평등한 구성원으로서의 지위를 누릴 때만 인간은 자유로울 수 있다는 것이다. 따라서 자유를 누리기 위해서는 늘 자유인의 지위를 지키기 위해 깨어 있어야 하며 시민적 덕을 실천해야 한다고 그는 주장한다. 이 책은 간섭의 부재가 자유의 필요조건의 한 부분이지만 충분조건은 아니며 진정 자유롭다는 것은 자유 공동체의 평등한 구성원이 될 때 비로소 가능하다는 공화주의 자유론을 가장 잘 보여주는 저술이다. 이 책의 제목이 말해주듯이 독자들은 자유주의가 헤게모니를 장악하기 이전 근대 초 지식인들이 추구하던 다소 생소한 고전적 공화주의 자유론에 접할 수 있는 매우 소중한 독서의 기회를 얻은 셈이다.

이 책이 우리나라 말로 번역되어 나오는 2007년 6월은 1987년 6월항쟁의 20주년이 되는 해다. 돌이켜보면 군부 독재의 그 암울한 시절에도 자유주의 자유론의 논리대로라면 우리는 자유로웠다. 별다른 간섭 없이 유흥을 즐겼고 취미 생활도 했으며 심지어는 '전두환 고스톱'도 치면서 소극적인 저항도 할 수 있었다. 그래서 그런지 오늘날 수구 세력은 물론이고 이른바 '뉴 라이트'를 자처하는 인사들도 그 시절을 그렇게 박하게 평가하지는 않는다.

웬만한 자유는 다 누리지 않았냐는 것이다. 이러한 주장은 이 책이 다루는 잉글랜드 혁명 시기의 왕당파들도 똑같이 한 주장이다. 그러나 자유의 대의를 위해 싸운 사람들과 그것을 소중하게 지키려고 하는 사람들은 언제나 그 이상을 추구하였다. 자의적으로 지배하는 세력의 아량으로 누리다가 그들의 마음이 바뀌면 언제라도 박탈당할 수 있는 그러한 자유는 실로 진정한 자유가 아니라는 것이다. 다시 한번 돌이켜보면 그 세력은 언제라도 우리를 잡아갈 수 있었고 그리하여 고초를 겪은 사람들도 있다.

그러면 우리는 민주화를 통해 자유의 대의를 구현했다고 할 수 있을까? 오늘날 우리는 적어도 정치적으로는 평등한 시민으로서 자유인의 지위를 누리고 있다. 그러나 이른바 세계화와 맞물린 신자유주의의 시장 논리가 극성을 부리는 상황에서 다시 한번 진정 자유란 무엇인가를 생각해 봐야하지 않겠는가? 신자유주의의 무한 경쟁 논리는 허울 좋은 기회균등을 내세워 다시 한번 간섭의 부재로서만의 자유를 내세우고 있지 않은가? 더불어 잘살아야 한다는 공동체의식은 희박해지면서 사회의 양극화는 심화되고 자유인의 지위를 상실할 위기에 처한 사회적 약자들이 양산되고 있지는 않은가? 시민적 유대와 연대를 통한 참여가 이 문제를 해결할 수 있다는 생각은 접어둔 채 우리는 그저 각개약진을 통해 우리의 욕망을 채우면 되는 것이라고 서로를 부추기고 있지는 않은가?

역자는 독자들의 이해를 돕기 위해 벌린이 말하는 자유주의자

론과 스키너가 말하는 공화주의 자유론이, 어떻게 다른지를 보여
주는 다소 긴 글을 책의 서두에 신기로 했다. 독자들은 스키너의
한국어판 서문과 역자의 글 등을 읽고 나서 본문을 읽는다면 좀
더 쉽게 그 내용을 이해할 수 있으리라 생각된다. 이 짧은 책을
번역하는 데 꽤 오랜 시간이 걸렸다. 이 책의 진가를 이해하고 무
한한 인내심으로 역자를 격려해준 푸른역사 관계자 여러분들에
게 감사의 마음을 전한다. 한없이 바쁜 케임브리지 일정에도 불
구하고 한국어판 서문을 흔쾌하게 보내준 저자에게도 깊이 감사
한다.

2007년 6월

조승래

나는 이 책의 한국 독자들을 위해 특별한 서문을 써달라는 조
승래 교수의 부탁을 받고 매우 기뻤다. 또한 내 책이 한국어로 번
역될 만큼 가치가 있다고 평가받았다는 사실에 깊이 감명받았다.
더욱 고마운 것은 내가 다루는 주제가 매우 서구적인 것이요, 더
지엽적으로는 정치적 자유에 대한 근대 초기 잉글랜드인들의 생
각에 관한 것이기 때문이다.

그럼에도 내가 감히 이 책이 좀더 광범위한 관심의 대상이 되
기를 바라는 이유 가운데 하나는, 최근에 들어와 정치적 권리와
자유에 대한 서구의 사상이 전 세계적으로 널리 퍼져나갔고 영향
력을 행사하기에 이르렀기 때문이다. 그러나 이러한 서구 사상에
영향을 받은 사람들이 이 책을 읽어주기를 바라는 주된 이유는
서구로부터 들어온 자유에 대한 사고 전통이 그러한 사고의 가장
가치 있는 유산이 아니라는 것이 내 판단이기 때문이다. 나는 자

유주의적 이데올로기가 승리하기 이전 시기에 서구에서 벌어진 자유의 개념에 대한 논쟁이 지니고 있던 의미를 읽어내고 모든 것을 제치고 승리할 수 있었던 자유주의의 자유에 대한 이해를 다시 생각해보는 것이 중요하다고 생각한다.

서구를 지배하고 있는 자유에 대한 자유주의적 이론에 따르면, 자유의 개념은 단순히 강제적 제약의 부재, 즉 권리를 행사할 때 간섭받지 않는 것으로 이해되어야 한다. 그러나 이러한 생각이 헤게모니를 장악하고 있기 때문에 자유에 대한 좀더 넓고 좀더 깊이 있고 무엇보다도 좀더 민주주의적인 생각이 대부분 시야에서 사라졌다. 내 책이 보여주려고 하는 것은 잉글랜드에서 가장 격렬한 논쟁을 불러일으켰을 때 ─17세기 혁명 기간에─의회파가 왕권에 대항해 싸워 비록 짧은 기간 동안이지만 왕정 대신 공화국을 수립하면서 옹호했던 자유론이 좀더 민주주의적인 자유론이었다는 사실이다.

혁명 기간 동안 잉글랜드 공화국의 대의를 위해 싸웠던 사람들의 주장의 핵심은 왕정의 지배하에서는 잉글랜드 인민들은 더이상 자유인의 지위를 구가할 수 없다는 것이었다. 그들이 관심을 가졌던 기본적인 개념은 노예와 대비되는 자유인이라는 개념이었다. 그들이 진전시켰던 논의의 핵심은 국왕의 대권이 존재한다는 사실 그 자체만으로도─즉, 국왕이 자유재량권을 행사할 수도 있다는 것이─국민을 예종의 상태로 몰아넣을 수 있는 저주의 효력을 가지고 있는 것과 마찬가지라는 것이다.

이러한 생각을 가지고 있던 의회파 저술가들 사이에서는 자유라는 관념에는 두 가지 요소가 있다는 것에 대해 광범위한 동의가 존재했다. 그들은 일반적으로 모든 인간은 본성상 실정법에 대한 종속으로부터 자유롭다는 것을 받아들였다. 그러나 그들은 또한 법의 지배하에서도 인간은 자유인으로서 살아갈 수 있다고 동의했다. 그들은 자유인의 지위를 견지하기 위해서는 두 가지 조건을 만족시켜야 한다고 주장했다. 그 하나는 부당한 간섭 없이 권리와 자유를 행사할 수 있어야 한다는 것이다. 그러나 이것이 자유에 대한 필요조건이기는 하지만 충분조건은 아니라는 것이 후대 자유주의 이론가들과의 근본적인 차이였다. 그들의 주장의 핵심은 자유인이 되지 않아도 특정한 권리와 자유를 마음껏 누릴 수 있다는 것이다. 그 이유는 자유를 지속적으로 누릴 수 있는지 없는지가 그 어떤 타인의 자의적 의지에 달려있다면 현재 사실상 자유를 마음껏 누리고 있다고 해도, 그리하여 전적으로 자신이 원하는 대로 행동할 수 있다고 해도, 그 사람은 자유인이 아니라 노예이기 때문이다. 단지 어떤 사람이 방해하지 않기로 했기 때문에 자유롭게 행동하거나 행동하지 않을 수 있다는 사실을 아는 순간 그 사람은 자유인의 지위에서 예종의 지위로 떨어지는 것이다. 실정법 체계 아래서 자유인으로 사는 것의 두번째 필요조건은 따라서 권리와 자유를 행사할 수 있는 역량이 타인의 의지에 종속되지 않아야 한다는 것이다.

17세기 잉글랜드 혁명 동안 이러한 주장이 개진될 때, 왕정의 옹호자들은 즉각적으로 반격을 가했다. 자신의 권리와 자유를 완벽하게 구가하면서 무슨 자유가 모자란다고 할 수 있느냐고 그들은 반문했다. 왕정에 반대하는 저술가들은 자신의 종속성에 대한 인식 그 자체가 자신에게 굴레가 되는 것이라고 대답했다. 마음대로 말하거나 할 수 없는 것이 많을 때, 그리고 어쩔 수 없이 그렇게 말하거나 해야 될 것이 많을 때, 그것은 타인의 선의에 의지해서 살아가는 결과라는 것이다. 다른 말로 하면, 자신이 종속되어 있는 사람의 의지에 거스르는 언행을 했을 때 자신에게 일어날 수도 있는 일이 무서워서 자신을 스스로 검열할 수밖에 없는 사람은 자유롭다고 할 수 없다는 것이다.

헨리 드 브랙턴Henry de Bracton은 그 누구보다도 일찍이 13세기 중반부터 잉글랜드 보통법에 대한 중요한 논고들을 저술했는데, 그는 자유인과 노예의 구분을 명확히 하면서 위와 같은 논지를 전개시켜나갔다. 그 결과 그러한 구분은 잉글랜드 보통법의 초기 단계부터 명확하게 각인되었다. 그러나 그러한 구분의 기원은 로마법으로 거슬러올라간다. 특히 유스티니아누스 법전『학설집』의 맨 앞부분 '인간의 지위'에 대한 항목에서 그것을 발견할 수 있다. 그 항목은 '노예제는 국가의 법에 따른 하나의 제도로서 그것에 의해 인간이 본성에 반해 타인의 지배 아래 종속되는 것'이라고 규정한다. 이것을 뒤집어보면 시민적 자유에 대한 규정을 읽어낼 수 있다. 어떤 시민적 결사 안에서 살아가는 모든 사람들이 종속되어 있는 사람 아니면 자유로운 사람 둘 중 하나라면, 자유로운 신민은 그 어떤 사람의 지배에서도 벗어난 사람이어야 하고, 그 자신의 권리 안에서 무엇인가 할 수 있는 사람이어야 한다. 이와 같이 어떤 사람이 자유로운 신민의 지위를 결핍하고 있다는 것은 그 사람이 자신의 권리 안에서가 아니라 그 어떤 타인의 권력 아래에서 그리고 의지에 복종해서 무엇인가를 할 수밖에 없다는 것을 의미한다.

이렇듯 본질적으로 로마적인 자유론은 이미 1642년에 내전이 발발하기 앞서 수십 년간 잉글랜드 의회에서 논의되었다. 자유와 종속의, 즉 자유인과 노예의 본질적인 구분은 이후 내전 초기 의회파를 대변하던 주도적인 인물들 대부분이 받아들였다. 아마도 그 주장을 가장 명백하게 요약한 것이 내전이 발발한 직후인 1642년 10월에 처음 출간된 존 굿윈John Goodwin의 『반-왕당파론 *Anti-Cavalierisme*』일 것이다. 거기서 굿윈은 '자유로운 남자와 여자'라는 것이 의미하는 바는 그 어떤 타인의 의지에도 종속되지 않고 자신의 의지에 따라 '자신과 자신의 방식을 결정'하는 것이라고 주장한다. 지배자가 자유재량권을 가지고 있다면, 그것은 '그들의 욕망과 쾌락의 법에 의해' 살아야 한다는 것이고 '모든 일에서 지배자의 의지에 복종해야 한다'는 것이다. 이러한 방식으로 지배자가 '주인 행세'를 할 수 있다면, 인간들은 '시민적 혹은 정치적 자유'에 대한 생득권을 상실하는 것이고, 대신 '비참한 노예제와 예종 상태'로 전락할 것이다.

나는 이 책에서 이러한 정치적 자유론의 운명을 추적했다. 나는 그것이 어떻게 17세기 중반에 잉글랜드 왕정의 폐지를 정당화하는 데 사용되었는지를 보여주었다. 또한 절대주의 지지자들이 오늘날처럼 자유를 단순히 간섭의 부재로서 논의함으로써 그것에 도전하는 것을 보여주었다. 공화주의적 자유론의 강력한 적이며 인간은 실제로 무엇을 하는 데 방해받지 않는 한 자유롭다는 경쟁적 이론을 가장 정교하게 만든 철학자는 바로 토머스 홉스였다. 각별히 1651년에 출간된 그의 방대한 반혁명적 저술인 『리바이어던』이 그의 자유론을 명백하게 보여주고 있다. 내가 보여주려고 한 것처럼, 사람들을 좀더 맥빠지게 했던 홉스의 자유론은 처음부터 격렬한 반대에 직면했고 존 로크에 의해 즉각적으로 거부당했지만, 궁극적으로 승리한 것은 그의 자유론이었다. 영미 세계의 정치적 사고의 고전적 공리주의적 전통에서 반복되었고 발전되었던 것은 본질적으로 홉스의 이론이었다. 이어서 그것은 근대 서양의 세속화된 자유주의의 상당한 부분의 기초가 되었다.

내 책의 요점은 다음과 같이 요약될 수 있다. 17세기 중반 혁명기의 잉글랜드 왕정의 비판자들이 동료 시민들의 자유를 보존하고 고양하려고 했을 때, 그들이 말하려고 했던 것은 단순히 개인의 권리와 자유가 억압받고 축소당하는 것을 막아야 한다는 것이 아니었다. 그들이 말하려고 했던 것은 잉글랜드의 자유인들이 그 지위를 상실당하는 상태에서 구해내야 한다는 것이었다. 그것은, 그들이 선호하던 표현처럼, 전체 국민을 부당한 예속 상태에서 해방시켜야 한다는 것이었다. 그들이 말했던 자유는 자유주의적 자유가 아니었다. 자유는 단지 강제적 간섭에 의해서만이 아니라 지배와 종속의 배경이 되는 조건에 의해서도 상실될 수 있다는 것이었다.

왜 이러한 자유론의 초기 경향을 발굴해내는 작업이 가치가 있는 것일까? 내 생각에 그 이유는 그것이 오늘날의 자유주의적 헤게모니에 도전할 수 있는 소중한 방식을 제공하기 때문이다. 그리고 그것을 통해 우리는 자유를 좀더 민주적으로 이해하여 자유와 평등, 자유와 민주주의를 최근의 자유주의 이데올로기가 허용하는 것보다 더 밀접하게 한 묶음으로 생각할 수 있기 때문이다.

노예의 자유를 넘어서

조승래

아이제이아 벌린의 자유주의 자유론

20세기 후반 정치사상사 학계와 정치이론 학계에서 자유에 대한 논의를 본격화한 장본인은 바로 아이제이아 벌린이었다. 이제는 하나의 고전이 된 「자유의 두 개념」이 발표된 이래, 진정한 자유란 무엇인가에 대한 숱한 논의가 그의 주장에 대한 찬반 논의 형식으로 지속되었다. 주지하다시피 벌린의 주장은, 지금까지 서양 사상사에서 자유는 간섭과 방해의 부재라는 의미의 '소극적 자유'와 공동체 참여를 통한 자아실현이라는 의미의 '적극적 자유', 이 두 가지 개념으로 정의되어왔는데, 그중 전자만이 진정한 자유라고 할 수 있다는 것이다.[1]

이러한 벌린의 주장은 당시의 냉전 상황을 반영하는 것이었다.[2] 그는 당시 기세를 올리던 사회주의, 공산주의 등 좌파적 사고에 대항해 자유주의를 옹호하려는 의도였다고 1989년 한 인터뷰에서 고백하였다.[3] 자유란 단지 타인의 간섭과 방해를 받지 않고 무엇인가 할 수 있는 것을 말하며 그 이상도, 그 이하도 아니라는 그의 주장은 좌파적 이상주의 혹은 유토피아니즘을 거부하는 것이었다. 진정한 자유는 사적인 욕망을 억제하고 이성적 삶을 통해 공동체에 적극적으로 참여함으로써, 공동체의 공동 자아와 일치되는 자아를 형성할 때 비로소 가능하다는 주장은 결국 개인의 사적 자유를 통제하는 전제로 이어질 수밖에 없다는 것이다.

벌린의 이러한 자유론의 밑바탕에는 고전적, 공화주의적, 루소적, 자코뱅적 자유론을 비판하던 기조, 콩스탕, 앙리 미셸과 같은 19세기 프랑스 자유주의 지식인들의 세계관이 깔려 있다.[4] 이렇듯 그의 자유에 대한 이분법적 고찰은 단순히 정치적 개념에 대한 추상적 분석의 일환이 아니었다. 그것은 상반된 두 인간관에 대한 고찰이었다. 소극적 자유가 침해받을 수 없는 배타적 사적 영역을 확보해야 하는 개인으로서의 인간을 강조하는 근대적 인간관과 관련된 것이라면, 적극적 자유는 공동체의 구성원으로서 공적 행위와 윤리를 실천해야 하는 공민으로서의 인간을 강조하는 고대적 인간관과 관련이 있다. 또한 벌린의 이러한 고찰은 인간관에 기초한 양립 불가능한 세계관에 대한 고찰이고, 그 가운데 하나를 선택해야 한다는 메시지였다. 즉 그것은 인간의 이성에 대한 확신에 기초하여 유토피아적 세계 건설을 추구하는 세계관과, 현실 세계 안에서 인간의 경험이 담보해주는 방식에 따라

각자의 다원적 이해와 취향을 추구하는 세계관 사이의 갈등에 대한 고찰이고, 그 가운데 왜 후자를 선택해야 하는지를 설득하는 것이었다.

벌린은 소극적 자유를 외부적 간섭, 강제, 방해의 부재로 규정한다.[5] 그것은 바로 일찍이 홉스와 벤담이 규정한 자유의 내용이다. 실제로 '소극적'이라는 용어도 벤담이 자유를 규정하면서 처음으로 사용한 용어다. 벌린은 이러한 소극적 자유가 르네상스와 종교개혁 이래 그리고 에라스무스 이래, 개인의 사적 영역의 확보가 중요한 가치로 인식되면서부터 그 가치를 인정받은 근대적 자유라고 말한다.[6] 즉 그것은 침해받을 수 없는 최소한의 개인적 사적 자유인 것이다. 벌린은 바로 이러한 최소한의 영역에 대한 그 어떤 사회적 통제도 곧 전제라고 주장한다. 이러한 그의 주장은, 자코뱅들이 근대 사회에 맞지 않는 인간의 개인적 측면보다는 공민적 측면을 강조하며 고대적 자유를 실현하려 전제에 빠질 수밖에 없었다는 콩스탕의 비판과 일맥상통한다.[7]

벌린은 이러한 소극적 자유가 바로 진정한 의미의 자유라고 주장한다. 그는 모든 것을 그 정확한 뜻에 따라 말해야 한다고 주장한다. 이렇게 볼 때 자유는 단지 자유 그 자체, 즉 방해받지 않고 간섭받지 않는 것이지, 그 이외의 다른 것이 아니라는 것이다. 예를 들어, 불평등과 빈곤을 해결하기 위해 자신의 혹은 자신이 속한 계급과 국가의 자유를 어느 정도 포기하여 정의와 평화가 확보된다 해도, 그것은 곧 자유의 상실이지 또다른 자유의 성취는 아니라는 것이다.[8] 그리하여 그는 그 어떤 강제도, 비록 그것이 좋은 목적을 위한 것이라고 해도 나쁜 것인 반면, 그 어떤 불간섭도 비록 그것이 유일한 선은 아닐지라도, 좋은 것이라고 단언한다. 이것이 바로 소극적 자유의 고전적 의미다.[9] 이러한 그의 언명은 바로 그가 자본주의적 자유주의의 가치의 선전원이었음을 보여주는 단적인 예라고 할 수 있다.

벌린의 소극적 자유론은 더 나아가 자유와 진리, 자유와 민주주의와는 관련이 없다고 주장한다. 인간은 각기 자신의 삶을 사는 존재이기 때문에 인간의 삶을 진리라는 미명으로 그 어떤 폐쇄 회로에 가두려고 하는 것은, 그것이 아무리 자비로운 의도에서 나왔고 아무리 고상한 목적을 지닌 것이라고 해도, 악이라는 것이다.[10] 또한 소극적 자유는 자신이 주권자인 민주주의 체제가 아닌 곳에서도 확보될 수 있는 자유라고 그는 주장한다. 아무리 불공정하고 덕과 지식에 관심이 없는 전제군주라고 해도 그의 신민을 자유롭게 내버려두면 자유는 확보된다는 것이다. 더군다나 프러시아의 프리드리히대왕과 오스트리아의 요제프 2세가 지배하던 계몽군주제는 초기 혹은 오늘날의 많은 민주주의 체제보다 덜 억압적이었을 것이라고 그는 주장한다. '누가 나를 지배하는가'라는 문제와 '얼마만큼 정부가 나에게 간섭하는가'라는 문제는 필연적으로 연결되는 게 아니라는 것이다. 자기 자신에 의해 지배되겠다는, 혹은 지배의 과정에 참여하겠다는, 욕망은 자유로운 사적 행위의 영역을 확보하겠다는 욕망만큼 인간 정신에 뿌리

깊은 것이요, 역사적으로는 더 오래된 것이지만 양자는 엄연히 서로 다른 것이라고 그는 단언한다.[11]

벌린은 '적극적 자유'를 자기 자신의 주인이 되는 것으로 규정한다. 이때 자신은 이성에 복종하는 합리적 존재라는 명제가 전제된다. 자신이 비합리적 존재라면 자기 자신의 주인이 된다는 것은 아무런 의미도 없기 때문이다. 그것은 단지 비합리적 욕망의 노예가 되는 것에 불과하기 때문이다. 이성적 존재로서 자신의 진실한 생각과 의도에 따라 행동하는 만큼 자유롭고 그렇지 못하면 못한 만큼 노예가 된다.[12] 즉 소극적 자유가 자신의 외부에 간섭과 방해가 존재하지 않는다는 것을 의미한다면, 적극적 자유는 자신의 내부에 이성적 존재로서 자신을 견지할 수 있는 능력이 존재하는 것을 의미한다. 적극적 자유가 비합리적인 것과 부도덕한 것을 행할 수 있는 자유를 원천적으로 배제하고 좋은 것을 올바른 방식으로 행해야 된다는 목적론을 내재하고 있다면, 소극적 자유는 그러한 목적론을 배제하는 다원적 개방적 개념이다.

벌린은 이러한 적극적 자유가 소극적 자유와 본질적으로 어떻게 다른 것인지를 자코뱅들의 자유론과 그것을 반박한 벤담의 자유론을 예로 들면서 극명히 보여주고 있다. 자코뱅들이 "그 누구도 악을 행할 자유가 없다. 악행을 저지르지 못하게 하는 것이 곧 자유롭게 하는 것이다"라고 주장했을 때, 벤담은 "악을 행할 수 있는 자유는 자유가 아니란 말인가? 아니라면 도대체 그것은 무엇이란 말인가? 우리는 악인과 백치들이 자유를 오용하기 때문에 그것을 유보해야 한다고 말하지 않는가"라고 반박했다는 것이다.[13]

벌린은 적극적 자유의 한 예로서 스토아학파의 안심입명론을 들고 있다. 그런데 벌린은 이러한 스토아학파의 자유론은 역사적으로 볼 때 정치적 억압이 강해질 때, 즉 마케도니아가 그리스를 지배하던 시기와 로마 공화국 말기에 나타났다고 지적한다. 그것은 일종의 지적 도피에 불과했다는 것이다. 금욕적 자기 부정이 강한 정신의 표상이라고는 할 수 있어도 그것을 자유라고 할 수는 없다는 것이다.[14] 그런데 벌린이 문제삼는 것은 이러한 유의 적극적 자유가 아니다. 그가 비판하는 것은 합리주의 관념론 철학자들과 그들의 실천적 제자들이 말하는, 참여를 통한 자아의 실현이라는 의미의 적극적 자유다. 자유는 사회적 교육을 통해 공동체적 이성을 자신의 행위 규범으로 삼을 때, 그리하여 자신의 자아를 공동의 자아와 합치시킬 때 비로소 가능하다는 스피노자, 루소, 헤겔, 마르크스 등과 자코뱅, 좌파들의 자유론이 바로 그것이다. 쉽게 말하면, 어려운 수학 문제를 공식에 따라 풀 때 그것이 우리를 부자유스럽게 하는 것이 아니라 오히려 자유롭게 해 준다고 생각하고 그 공식을 모두 받아들여 문제를 풀자는 것이 적극적 자유론이다. 즉 적극적 자유는 이성에 의해 알아낼 수 있는 지식을 받아들여 이성적 존재로서 자아를 실현하고 그러한 존재들의 공동체를 수립하는 것이다. 이렇듯 적극적 자유론에서는

진정한 자유란 자아의 실현과 공동체에의 참여가 어우러질 때 가능하다고 보는 것이다.[15]

벌린은 이러한 적극적 자유론을 영국 사상사 안에서도 찾아낸다. 바로 19세기 말 그린의 자유론이 그것이다. 그린은 적극적 자유를 이상적이고 진정한 자유라고 불렀는데, 그것은 바로 인간 사회의 모든 구성원이 자기 자신을 가장 좋은 사람으로 만들 수 있는 가장 강력한 힘이라는 것이다. 그런데 벌린은 합리적 존재로서 인간이 자아를 실현하기 위해서는 그것을 사회적으로 확대해야 한다는 그들의 주장이 실로 위험천만한 발상이라고 주장한다. 그것은 폭정과 전제가 자신들의 억압을 정당화할 때 이용하는 수사라는 것이다. 개인들의 소극적 자유는 진정한 자유가 아니라고, 또한 자유를 제한하거나 박탈하는 것이 모두가 좋은 사람이 되는 사회를 건설해야 한다는 대의를 실현하기 위해서는 문제되지 않는다고, 폭정과 전제는 주장해왔다는 것이다.[16] 벌린은 이 점을 경계한다. 그는 인간이 추구할 수 있는 가치는 다원적이며 역사는 열려 있는 것이지 어떤 종국의 해결점을, 즉 완전한 사회를 향해 가는 것도, 가야만 하는 것도 아니라고 누누이 강조한다. 적극적 자유론은 이를 무시하고 이성적 공동체, 완전한 사회 안에서 자아실현이라는 미명하에 자유를 평등, 형제애, 인민 주권과 같은 다른 개념과 구별하지 않으며, 개인에 대한 통제와 억압을 정당화한다는 것이다.[17]

벌린의 자유론은 한마디로 좌파 이념에 대항해 개인주의적 자유주의의 가치를 지키기 위한 것이었다. 좌파 지식인들의 대학 진출을 방해하고 미국의 베트남 참전을 찬양하고 다니던 그는 선한 자본주의적 자유주의 대 악한 좌파 이념이라는 구도 안에서 서양 사상사에 나타난 자유의 관념을 해석하였던 것이다. 그것은 냉전시대 자본주의 진영의 대표적 보수 논객으로서 그가 할 수 있었던 일종의 사회적 참여 행위였다. 그가 지닌 영국과 미국의 기득권층에 대한 영향력은 실로 대단한 것이어서, 간섭의 부재라는 의미의 소극적 자유야말로 진정한 의미의 자유이고 참여를 통한 자아실현이라는 의미의 적극적 자유는 해방을 빙자한 전제적 수사에 불과하다는 주장은 이미 자유주의자들의 자유의 교리로 자리잡았다.[18]

퀜틴 스키너의 공화주의 자유론[19]

이러한 벌린의 소극적 자유론에 대해 자유를 그렇게 이분화할 수 있는 것인지, 그리고 과연 간섭의 부재라는 소극적 자유만이 진정한 자유인지에 대한 문제가 제기되었다. 여기서 전자의 문제는 철학적 형식 논리에 대한 논의로 끝났다. 즉 자유는 그 어떤 간섭으로부터 벗어나 무엇을 할 수 있는 것을 말하기 때문에, 그 안에는 소극적 개념과 적극적 개념이 동시에 결합되어 있다는 것이다.[20] 그러나 후자의 문제는 이데올로기의 문제와 맞물려 계속 논의되었다. 특히 1970년대 이후 자유주의 헤게모니에 대한 도전으로, 정치사상사 학계에서 공화주의에 대한 연구가 심화되면서 지난 세기 말에는 새로운 주장이 등장하였다. 벌린이 말하는 소극적 자유도 적극적 자유도 아닌 제3의 자유가 있다는 것이다. 스키너의 공화주의적 혹은 신로마적 자유론이 바로 그것이다.[21] 그렇다면 제3의 자유로서 공화주의적 혹은 신로마적 자유와, 자유주의가 지향하는 간섭의 부재로서 소극적 자유는 어떻게 다른가? 스키너는 간섭의 부재가 곧 자유를 의미하지는 않는다고 본다. 예를 들어 인자한 주인 밑에서 사는 노예는 아무런 간섭 없이 살아갈 수 있지만 자유롭다고는 할 수 없다. 왜냐하면 노예는 주인의 재량에 종속되어 있기 때문에 언제라도 그의 자의적 지배를 받을 수 있기 때문이다. 즉 자유는 단순히 간섭의 부재로만 규정되어서는 안 되고, 더 본질적으로는 종속 혹은 지배의 부재로 규정되어야 한다는 것이다.[22]

앞서 말했듯이 스키너는 공화주의 자유론이 벌린이 말하는 적극적 자유론이 아니라고 주장한다. 그러한 오해가 생긴 이유는 공화주의 연구의 창시자라고 할 수 있는 포콕이 공화주의가 그 뿌리를 아리스토텔레스의 목적론적 인간론인 "정치적 동물zoon politikon"론에 두고 있다고 주장했기 때문이다. 포콕에 의하면 인간은 폴리스 안에서 자아를 실현하는 존재이기 때문에 사적 이익을 추구하는 대신 공동선을 실천하는 덕을 발휘할 때 인간다운 인간이 된다는 주장이 공화주의의 핵심이다. 따라서 공화주의에서 자유는 공동체의 공적 영역에 적극적으로 참여하여 인간의 목적을 실현하는 것을 의미한다. 포콕도 벌린의 이분법을 받아들여 자유주의가 소극적 자유를 옹호하는 것이라면 공화주의는 적극적 자유를 추구하는 것이라고 보았다.[23]

이에 대해 스키너는, 적어도 마키아벨리 이후의 근대 공화주의는 어떤 일원론적 가치를 실현하기 위해 공동체의 공적 영역에 참여하여 덕을 발휘하는 것을 자유라고 규정하지는 않았다고 주장한다. 스키너에 의하면, 근대 공화주의자들은 공동체의 공적 영역에 대한 참여로서의 덕을 바로 그러한 자유를 얻기 위한 수단일 뿐이라고 보았다.[24] 그들은 자의적 지배로부터 해방되어 개인들의 이익과 목표를 추구하는 것을 자유로 보았다. 따라서 공화주의적 자유도 따지고 보면 형식적으로 소극적 자유라는 것이다. 그렇다면 공화주의 자유론과 자유주의적 자유론을 구분 짓는 것은 도대체 무엇인가? 스키너에 의하면, 공화주의 저술가들이 비판한 것은 강제 혹은 강압적 위협만이 개인의 자유를 간섭하는 유일한 제약이라는 자유주의의 핵심 주장이었다. 공화주의 저술가들은 이와는 대조적으로, 종속 상태에서 산다는 것 자체가 제약의 근원이고 형식이라고 주장한다. 그러한 조건하에서 살고 있다는 것을 알게 되는 순간, 많은 시민적 권리들이 저절로 제약받게 된다는 것이다. 스키너는 이것이 바로 그들이 그러한 조건에서 살아간다는 것이 단순히 자유의 안전장치를 약화시킬 뿐만 아니라 자유 자체를 훼손한다고 주장하는 이유라고 단정한다. 단적으로 말해 자유주의 자유론과 공화주의 자유론의 차이점은 제약이라는 기본적 관념에 대한 해석의 차이라고 스키너는 지적한다.

벌린의 강연이 있고 나서 40년 후에 스키너의 케임브리지대학교 근대사 왕립 석좌 교수 취임 강연 원고였던 「자유주의 이전의 자유」가 지금 이 책으로 출간되었다. 스키너는 현재 서구인들의 자유에 대한 생각이 자유론의 역사의 가장 가치 있는 유산이 아니라고 단정한다. 그는 자유주의적 이데올로기가 승리하기 이전 시기에 서구에서 벌어진 자유의 개념에 대한 논쟁이 지니고 있던 의미를 읽어내고, 모든 것을 제치고 승리할 수 있었던 자유주의의 자유론을 다시 생각해보는 것이 중요하다고 주장한다.

서구를 지배하고 있는 자유에 대한 자유주의적 이론에 따르면, 자유의 개념은 단순히 강제적 제약의 부재로, 즉 권리를 행사할 때 간섭받지 않는 것으로 이해되어야 한다. 그러나 이러한 생각이 헤게모니를 장악하고 있기 때문에 자유에 대한 좀더 넓고 좀더 깊이 있고 무엇보다도 좀더 민주주의적인 생각이 대부분 시야에서 사라졌다는 것이 스키너의 지론이다. 그는 이 책에서 17세기 잉글랜드 혁명 시기의 의회파가 옹호한 자유론의 의미를 보여주려 한다. 의회파는 왕권에 맞서 싸워 짧은 기간이나마 왕정을 무너뜨리고 공화국을 세웠는데, 이때 그들이 추구한 자유 개념이야말로 진정 민주주의적인 자유였다는 것이 그의 핵심 주장이다.

스키너는 마키아벨리 이후 근대 공화주의자들의 이러한 자유론은 고대 로마법과 로마 사상가, 역사가들의 견해에 그 뿌리를 두고 있다고 주장한다. 특히 성문화된 로마법에 나타난 자유인과 노예의 구분에서 그 핵심을 찾을 수 있다고 본다.[25] 그것은 로마법 『학설집*Digest*』의 '인간의 지위'라는 항목에서 처음으로 다루어지고 있다. 『학설집』에서 자유의 개념은 언제나 노예 상태와의 대조를 통해 규정되고 있다. 거기서 노예의 곤경은 '자연에 반해 다른 인간의 재산이 되어버린 그 어떤 인간'의 그것이라고 규정되고 있다. 여기서 노예가 자유롭지 못한 이유는, 그들이 물리적 힘 혹은 그에 대한 협박에 의해 강제로 행동할 수밖에 없기 때문이라고 할 수 있을 것이다.

그러나 자유와 노예 상태의 구분에 대한 로마인들의 토론에서 노예제의 본질은 이것이 아니었다고 스키너는 주장한다. 물론 노예는 타인의 재산으로서 자신을 소유한 인간에 의해서 언제나 직접적으로 간섭과 억압을 받을 수 있다는 점은 인정된다. 그러나 로마의 희극에서 가장 자주 회자되는 아이러니 가운데 하나는, 그의 주인이 자비롭고 보통 자리를 비우기 때문에 자신이 그 어떤 직접적인 간섭과 억압의 고통도 받은 적이 없다고 자랑하는 노예들이 등장한다는 점이다. 따라서 예종 상태의 본질을 이해하려면 인신의 법 안에서의 좀더 상세한 구분을 주목해야 한다고 스키너는 주장한다.

그렇다면 그 노예는 어떤 의미에서 자유롭지 않다는 것인가? 『학설집』의 「인간의 지위」 편 바로 다음의 「직함」 편은 다음과 같은 점을 명백히 말하고 있다. 그것은 그들 자신의 관할권 혹은 권리에서 자주권자인 인간과 그렇지 않은 인간과의 구분이다. 노예는—로마 시민의 자식들은 다른 예인데—그 자유의 결핍이 '타인의 관할권에 종속되어 있고' 따라서 결과적으로 타인의 '권력 안에' 있다는 사실에서 기인하는 인간 존재의 한 예다. 스키너는 바로 이 점이 강제적 간섭과 억압 상태에서 노예들이 이럭저럭 벗어날 수 있었다고 해도, 여전히 자유인이 아니라는 표면적 역설을 해결해준다고 본다. 실제로 그러한 노예들은 자신들의 의지대로 행동할 수 있었다고 해도, 언제나 주인의 너그러운 처분 안에서 그랬던 것이다. 따라서 주인의 마음이 바뀌면 그들은 언제라도 죽을 수도 있었고 폭행을 당할 수도 있었다. 노예라는 것이, 즉 인신의 자유가 결핍되었다는 것이 본질적으로 의미한 것은, 이처럼 타인의 처분권 안에 있다는 점이다. 즉 로마법은 자유의 반대말을 억압이나 간섭보다는 종속과 예종으로 규정했다는 것이 스키너의 지론이다. 이러한 로마법 해석은 그가 자유를 간섭의 부재로만 생각하는 자유주의의 소극적 자유론에 반대하는 이론적 기초를 제공하고 있다.

스키너에 의하면 로마의 사상가들이나 역사가들도 이러한 논조를 견지하고 있었다. 키케로는 케사르와 그를 변호하는 안토니우스에 대항해 그들이 억압적이지 않아도 그들이 원하면 언제든지 그렇게 할 수 있기 때문에 그들에게 의존해 사는 것은 곧 평화가 아니라 자유의 상실이라고 로마 시민들에게 역설했다. 이렇듯 다른 사람의 의지에—혹은 선의에—의지해야 하는 사람이라면 누구나 자유를 상실하고 예종 상태에 빠질 뿐이라는 생각은 살루스티우스와 리비우스 같은 역사가들도 공유하고 있었다. 살루스티우스는 『카탈리나 전투』에서, "우리 공화국이 몇몇 강력한 인사들의 지배와 통제 아래 놓이게 된 이래 그 나머지 시민들은 그들에게 예종된 역겨운 상태에서 살아가고 있다"는 불만을 토로했다. 여기에 덧붙여 그는 그러한 조건하에서 살아가는 것은 시민적 자유를 상실한 것과 같다고 주장했다.

스키너에 의하면 후대에 가장 큰 영향력을 행사한 인물은 리비우스였다. 그는 『로마사』에서 로마 인민들이 어떻게 초기 왕들에게서 자신을 해방시켜 자유국가를 수립할 수 있었는지에 대해 기술하면서, 왕의 의지 혹은 선의에 의존해 억압받지 않고 산다고 해서 자유로운 것이 아니라고 강조한다. 타인의 의지에 종속되지 않고 오로지 자신의 의지에 따라 사는 것이 곧 자유라는 것이다. 따라서 로마 인민들이 자유로운 시민이 되기 위해서는 매해 관리를 선출하고, 또한 법의 지배에 모든 시민이 평등하게 복종하는 자유국가를 수립해야만 했다는 것이다. 그러므로 그러한 국가는 자치 공동체라고 규정할 수 있는데 그 안에서는 법의 지배권이 그 어떤 인간의 그것보다 훨씬 크다. 이는 폭정뿐만 아니라 모든 형태의 왕정도 공공의 자유와는 양립할 수 없다는 뜻이라고 스키너는 해석한다. 자유는 오로지 자유국가 혹은 자치 공동체 안에서만 가능하다는 것이 리비우스의 지론이라는 말이다.

스키너에 따르면 혁명 동안 잉글랜드 공화국의 대의를 위해 싸웠던 사람들 주장의 핵심도 왕정의 지배하에서는 잉글랜드 인민들은 더이상 자유인의 지위를 구가할 수 없다는 것이었다.[26] 그들이 관심을 가졌던 기본 개념은 노예와 대비되는 자유인이다. 그들이 진전시켰던 논의의 핵심은 국왕의 대권이 존재한다는 사실 그 자체만으로도—즉, 국왕이 자유재량권을 행사할 수도 있다는 것이—국민을 예종의 상태로 몰아넣을 수 있는 저주의 효력을 가지고 있는 것과 마찬가지라는 것이다.

이렇듯 본질적으로 로마의 공화주의 지식인들의 사상을 본받은 의회파 저술가는 자유인의 지위를 견지하기 위해서는 두 가지 조건을 만족시켜야 한다고 주장했다. 그 하나는 부당한 간섭 없이 권리와 자유를 행사할 수 있어야 한다는 것이다. 그러나 이것이 자유에 대한 필요조건이기는 하지만 충분조건은 아니라는 것이 후대 자유주의 이론가들과의 근본적인 차이라고 스키너는 주장한다. 그들 주장의 핵심은 자유인이 되지 않아도 특정한 권리와 자유를 마음껏 누릴 수 있다는 것이다. 그러나 자유를 지속적으로 누릴 수 있는지 없는지가 그 어떤 타인의 자의적 의지에 달려 있다면 현재 사실상 자유를 마음껏 누리고 있다고 해도, 그리하여 전적으로 자신이 원하는 대로 행동할 수 있다고 해도, 그 사람은 자유인이 아니라 노예일 뿐이다. 단지 어떤 사람이 방해하지 않기로 했기 때문에 자유롭게 행동하거나 행동하지 않을 수 있다는 사실을 아는 순간 자유인의 지위에서 예종의 지위로 떨어지는 것이다. 두번째 필요조건은 따라서 권리와 자유를 행사할 수 있는 역량이 타인의 의지에 종속되지 않아야 한다는 것이다.

17세기 잉글랜드 혁명 동안 이러한 주장이 개진될 때, 왕정의 옹호자들은 즉각적으로 반격을 가했다. 자신의 권리와 자유를 완벽하게 구가하면서 무슨 자유가 모자란다고 할 수 있느냐고 그들은 반문했다. 왕정에 반대하는 저술가들은 자신의 종속성에 대한 인식 그 자체가 자신에게 굴레가 되는 것이라고 대답했다. 마음대로 말할 수 없는 것이 많을 때, 그리고 어쩔 수 없이 그렇게 말하거나 행동해야 할 것이 많을 때, 그것은 타인의 선의에 의존해서 살아가는 결과라는 것이다. 다른 말로 하면, 자신이 종속되어 있는 사람의 의지에 거스르는 언행을 했을 때 자신에게 일어날 수 있는 일이 무서워서 스스로를 검열할 수밖에 없는 사람은 자유롭다고 할 수 없다는 것이다.

이러한 의회파들이 공유한 대전제는, 시민 개개인이 자유를 누린다거나 혹은 상실했다거나 하는 것이 어떤 의미를 지니는 것인지를 이해하려면, 반드시 정치적 결사가 자유롭다는 것이 무엇을 의미하는지 먼저 알아야 한다는 것이다. 스키너는 이를 자유국가론이라는 개념으로 설명한다.

인간 개개인의 육체가 자신의 의지대로 무엇을 할 수 있거나 혹은 하지 않을 수 있을 때 비로소 자유로운 것처럼, 국민과 국가의 조직체도 그것이 원하는 목표를 실현하기 위해 그 의지에 따라 권력을 행사하는 데 제약받지 않을 때 비로소 자유롭다고 할 수 있다. 자유국가란 자유로운 인격체로서의 인간과 마찬가지로, 스스로를 지배할 수 있는 능력을 갖춘 국가라는 뜻이다. 자유국가란 정치체의 행위가 하나의 전체로서의 그 구성원들의 의지에 의해 결정되는 공동체인 것이다. 스키너에 의하면, 마키아벨리의 『리비우스 논고』가 이러한 생각을 불러일으킨 하나의 원천이었는데, 그 책의 도입부에 자유 도시는 "그 자신의 의지에 의해 지배되는 도시"라고 규정되어 있다는 것이다.[27]

이러한 전제로부터 많은 헌정적 함의가 나왔고 공화주의 이론가들은 대부분 예외 없이 거기에 동의했다고 스키너는 주장한다. 그 하나는, 만약 어떤 국가 혹은 공화국을 자유국가 혹은 자유 공화국이라고 부르려면 그것을 지배하는 법이―그 조직체의 운동을 규제하는 규칙이―모든 시민, 즉 하나의 전체로서 정치체의 구성원들의 동의에 의해 만들어져야 한다는 것이다. 왜냐하면 이렇게 법이 제정되지 않는다면 정치체는 그 자신의 의지가 아닌 다른 것에 의해 움직일 것이요, 또 그만큼 그 자유를 박탈당할 것이기 때문이다. 따라서 자유국가의 정부는 이상적으로는 각각의 개별적 시민들이 입법에 참여할 수 있는 평등한 권리를 보장해야 한다는 것이다. 이것만이 모든 입법 행위가 하나의 전체로서 정치체의 모든 구성원의 명백한 동의를 적절하게 반영하고 있다는 것을 담보하기 때문이다.

벌린적 소극적 자유론 대 스키너적 공화주의 자유론
—17세기 토머스 홉스 대 제임스 해링턴

이러한 공화주의 자유론을 좀더 잘 이해하기 위해서 17~18세기에 나타난 공화주의 자유론 대 벌린식 소극적 자유론의 논쟁을 검토해보자. 절대왕정의 지지자들은 오늘날처럼 자유를 단순히 간섭의 부재라는 소극적 개념으로 논의하며 공화주의 자유론에 도전하였다. 공화주의 자유론의 강력한 적이자 '인간은 실제로 무엇을 하는 데 방해받지 않는 한 자유롭다'는 경쟁적 이론을 가장 정교하게 만든 철학자는 바로 토머스 홉스였다. 각별히 1651년에 출간된 그의 방대한 반혁명적 저술인 『리바이어던』이 그의 자유론을 명백하게 보여주고 있다. 근대 세계에서 궁극적으로 승리한 것은 그의 자유론이었다. 영미 세계의 정치적 사고의 고전적 공리주의 전통에서 반복되고 발전되었던 것은 본질적으로 홉스의 이론이었으며 이는 근대 서양의 세속화된 자유주의의 상당 부분을 구성하는 기초가 되었다.

벌린이 주장하는 소극적 자유론은 이미 17, 18세기 영국의 반혁명의 담론에서 발견할 수 있다. 영국혁명을 반대한 홉스는 민주주의적 공화국 혹은 민중 국가의 구성원이 되는 것을 진정한 자유로 보는 고전적 공화주의 자유론을 혁명의 원흉이라고 단정했다. 미국혁명을 반대한 벤담과 같은 지식인들도 입법 과정에 참여하여 자치를 실현하는 것이 진정한 자유라는 재야 급진파 지식인들의 주장을 비판하였다. 홉스와 벤담은 자유를 소극적 개념으로 이해하며 자유가 외부적 방해의 부재를 의미하고 국가 유지에 필수적인 법 또한 외부적 방해물의 하나라고 보았다. 따라서 국가 안에서 자유란 법이 침묵하는 한에서만 가능할 뿐 그 이상을 추구하는 것은 법의 보호를 통한 안전 확보라는 가장 중요한 정치 원리를 거부하는 것이라고 그들은 주장한다. 한마디로 말해, 이들에게 자유란 중요한 것이 아니었다.

홉스의 자유론은 자유 그 자체를 인간의 정치 생활에서 중요한 요소로 보고 논의한 것이 아니었다. 그것은 어디까지나 국가의 권위에 대한 광범위한 논의의 한 부분에 지나지 않았다. 홉스는 자연 상태에서 자연적 존재로서 인간이 누릴 수 있는 자유는 이미 국가 성립과 함께 소멸했다고 보았다. 인간이 누릴 수 있는 자유는 국가 안에서, 국가 주권의 권위에 의해 안전을 보장받으며 살아갈 수밖에 없는 신민의 자유일 뿐이라는 것이다.[28] 따라서 홉스가 말하는 자유는 소극적 자유일 수밖에 없다. 국가 주권의 권위에 복종할 수밖에 없는 신민으로서 누릴 수 있는 자유가 적극적 개념일 수는 없다.

홉스는 신민의 자유를 논하면서 우선 자유라는 단어의 의미를 정확히 규정해야 한다고 주장한다. 앞서 본 벌린의 소극적 자유론과 같은 전략이다. 자유는 외부적 간섭과 방해를 뜻할 뿐이지 그 외에 다른 의미는 결코 존재하지 않는다는 것이다.[29] 따라서 자유로운 인간이란 자신의 의도에 따라 외부의 간섭도 방해도 받지 않고 무엇인가를 할 수 있는 인간을 말한다. 예를 들어 설명하면, 환자가 병실에서 나올 수 없는 것은 자유를 누릴 수 있는 힘이 없어서 못 나오는 것이지 자유가 없어서 못 나오는 것은 아니다. 반면에 죄수가 감옥에서 나올 수 없는 것은 나올 힘은 있지만 자유가 없어서 못 나오는 것이다. 자유와 자유를 누릴 수 있는 힘은 구분되어야 한다는 것이다. 이것은 앞서 보았듯이 벌린이 적극적 자유론을 비판할 때 사용한 수사다. 빈곤과 불평등 상태에서 진정한 자유를 누릴 수 없다는 주장은 자유와 자유를 누릴 수 있는 힘을 혼동하는 데서 오는 착오라는 것이다. 홉스도 자유는 하고 싶은 것을 못하게 하는 것(예를 들어 죄수의 경우)과 하고 싶지 않은 것을 하게 하는 것(예를 들어 노예의 경우)의 반대이지 그 이외의 의미는 없다고 강조한다.[30]

홉스의 이러한 주장은 바로 혁명기의 고전적 공화주의에 대한 비판의 맥락에서 나온 것이다.[31] 그는 아리스토텔레스, 키케로와 같은 고전시대의 민중 국가 옹호자들이 자유를 지배와 동일시하였다고 비판한다. 그리하여 그들의 저작을 어렸을 때부터 읽어온 인간들은 자유는 오로지 고대 그리스의 폴리스나 로마 공화국과 같은 민중 국가 혹은 민주제하에서만 가능하고 그 이외의 모든 국가는 전제 국가이자 폭정이라는 망상에 젖게 되었다는 것이다. 그 결과 난동과 방종 그리고 주권 침해라는 악행을 저지르게 되고, 많은 피만 흘렸을 뿐 혁명을 통해 인간들이 얻은 것은 아무것도 없었다고 홉스는 개탄한다. 인간을 다시 자연 상태와 같은 비참한 전쟁과 공포의 상태로 내몬 혁명은, 바로 고전적 공화주의 저술에 대한 일반적 독서의 결과였으며, 그것은 지배하는 자만이 자유롭다는 잘못된 생각이 가져온 비극이었다는 것이다.

과연 고대 공화국과 같은 민중 국가의 신민들만이 자유롭고, 왕국의 신민들은 모두 노예일까? 홉스의 자유론은 바로 이 물음에 대한 답이었다.[32] 앞서 보았듯이 홉스에 의하면, 인간이 신민이 된다는 것은 국가 주권에 의해 제정된 법에 의해 안전을 보장받으면서 사는 것을 의미한다. 다른 말로 하면 국가의 신민으로 산다는 것은 법에 종속해서 산다는 것이다.[33] 그런데 자유는 간섭과 방해의 부재를 뜻하며 법도 인간의 행동을 간섭하고 방해하는 것이다. 따라서 신민의 자유라는 것은 법이 간섭하거나 방해하지 않는 범위 내에서만 무언가를 할 수 있는 자유다. 즉 신민의 자유에 대해 논한다는 것은 바로 법의 침묵에 대해서 논하는 것일 뿐이다.[34]

이러한 신민의 자유는, 그 신민이 왕국에서 살든 민중 국가에서 살든 매한가지라는 것이 바로 홉스의 결론이다. 이탈리아의 도시 공화국 루카의 탑에 '자유'라는 글자가 새겨 있다고 해서 그곳 사람들이 콘스탄티노플에 사는 사람들보다 더 자유롭다고 생각할 수는 없다는 것이다. 루카와 같은 공화국을 '자유국가'라고 고전 시대 사상가들이 찬양하는 것은 참으로 부조리하다고 홉스는 야유한다. 자유가 간섭과 방해의 부재를 뜻한다면, '자유국가'란 아무도 서로에게 의존하지 않고 자신의 의도대로만 살아가는 인간들의 국가를 말하는가? 법이 없는 국가가 도대체 가능하다는 말인가?[35] 결론적으로 홉스의 주장은 자유는 어떤 국가에서든지 단지 법이 끝나는 곳에서부터 시작될 뿐이라는 것이다. 그리고 이것은 당시 반혁명 담론들에서 공통적으로 나타나는 주장이었다.

이러한 홉스의 소극적 자유론은 혁명을 옹호하는 공화주의자들의 빈축을 샀다. 대표적으로 해링턴은 '법으로부터의 자유'와 '법에 의한 자유'는 다르다고 일축한다. 그는 홉스가 말한 바 있는 루카와 콘스탄티노플의 자유를 예로 들면서 그 확연한 차이를 설명한다. 해링턴의 논지에 따르면 루카의 법은 그 시민들을 자유롭게 하지만 콘스탄티노플의 법은 신민을 제약한다. 즉 루카의 법은 자의적 권력으로부터 시민을 지켜주는 것이지만 콘스탄티노플의 법은 오히려 그것을 강화하는 것이다. 루카에서는 법이 시민의 자유를 보호하기 위해 그들에 의해 만들어졌고 콘스탄티노플에서는 그렇지 않기 때문이다. 그리하여 콘스탄티노플에서는 영주라고 해도 상위 영주의 의지에 따라 살아야 하는 예속 차지인이지만, 루카에서 아무리 지위가 낮은 시민이라도 자유 토지 보유자로서 오로지 법에 의해서만 지배받는다는 것이다. 루카와 같은 나라를 '자유국가'라고 부르는 이유가 바로 여기에 있다고 해링턴은 홉스의 주장을 반박한다.[36]

이러한 해링턴의 주장은 당시 공화주의자들의 담론에서 공통적으로 발견된다. 루카와 같은 자유국가의 신민들은 법을 만드는 데 참여하기 때문에 자유로운 것이다. 왜냐하면 자신이 만든 법에 복종하는 것은 자기 자신에게 복종하는 것이기 때문이다. 이것은 곧 공동체에의 참여를 시민의 덕으로 규정하고 덕과 자유를 적극적으로 연관시키는 고전적 공화주의 혹은 시민적 휴머니즘의 자유론인 것이다.[37] 콘스탄티노플과 같은 국가의 신민은 그러한 과정에 참여하지 않기 때문에 신민의 자유는 지배자의 의지에 달려 있다. 그것은 마치 노예의 자유가 주인의 자비에 달려 있는 것과 마찬가지다. 오로지 자신이 만든 법에 의해 자유가 보장되는 자유국가 안에서만 인간은 자유롭다는 것이다. 왜냐하면 그곳에서만 인간은 자기 자신의 주인이 될 수 있기 때문이다.[38] 해링턴의 표현대로라면 루카는 자유가 지배자의 자비가 아니라 제도적으로 보장되는 '법의 제국'이요, 콘스탄티노플은 그 반대인 '사람의 제국'이다.[39] 법의 제국에서는 법을 지킬 때 자유가 보장되고, 사람의 제국에서는 지배자의 의지인 법이 침묵하는 만큼, 즉 지배자가 자비로운 만큼 자유롭다. 이러한 논지대로라면 벌린식의 소극적 자유는 결국 노예의 자유에 불과한 것이다. 아무리 자비로운 주인을 만나 소극적 자유를 누린다 한들 노예는 노예일 뿐이다. 공화주의자들에게 진정한 자유는 법을 만드는 데 참여하여 그 법에 따라 삶으로써 자기 자신의 주인이 될 때 가능한 것이었다.[40]

스키너적 공화주의 자유론 대 벌린적 소극적 자유론
―18세기 리처드 프라이스 대 존 린드

이러한 공화주의자들의 자유론은 18세기에 들어와서도 계속 이어졌다. 영국 사회의 상업화가 빠른 속도로 광범위하게 진행되면서 정경유착의 부패가 만연하고 소유적 개인주의의 가치관이 확산되자, 이를 비판하는 재야 지식인들은 공민적 덕의 실천을 통한 자유국가의 회복을 주장하였다. 특히 미국혁명과 프랑스혁명 시기의 재야 급진파 지식인들은 자유는 곧 입법 과정에의 참여를 의미한다고 확신하였다. 그 가운데 가장 큰 반향을 일으킨 인물이 바로 리차드 프라이스였다.

그는 미국혁명을 지지하면서 '자유국가'와 '자유가 허용되는 국가'는 구별되어야 한다고 주장하였다.[41] 자유국가란 입법과정에 참여하여 자기 자신이 만든 법에 따라 삶으로써 자기 자신의 주인이 되는 국가를 말한다. 즉 모든 시민이 그 자신의 입법자가 되는 국가를 말한다.[42] 반면에 아무리 형평과 온정으로 지배한다고 해도 지배자가 따로 있어서 개인의 사적 생활의 자유, 즉 소극적 자유만을 허용하는 국가는 자유국가와는 본질적으로 다르다는 것이다. 프라이스는 그러한 자유가 자비로운 지배자에 의해 허용되었다고 해서 그 신민이 자유롭다고 할 수는 없다고 단언한다.[43] 즉 진정한 자유는 자치적 정치 공동체의 구성원이 될 때, 자신이 살고 있는 사회의 정부에 어떤 형태로든지 참여할 때, 그리하여 자신이 속한 국가의 집단적 권력이 곧 자신의 권력일 때, 가능하다는 것이 그의 지론이다. 자유는 곧 자치를 의미하는 것이었다. 프라이스는 이러한 자유를 시민적 자유라고 이름 붙였다.[44]

이러한 프라이스의 자유론에 대해 보수적 지식인들은 즉각 반박하고 나섰다. 이들은 미국혁명에 반대하면서 공화주의적 사상과 정치 개혁에도 반대하던 인물들이었다. 가장 대표적인 인물이 노스 내각의 선전물 제작자였던 존 린드였다.[45] 그는 자유란 단지 강제의 부재라고 규정하였다. 무엇을 하지 말라는 제약과 무엇을 하라는 강요에서 벗어나는 것이 자유라는 것이다.[46] 그리고 이러한 강제는 국가에서 법이라는 형태로 나타나기 때문에 완전한 자유란 있을 수 없다고 그는 주장한다. 법을 어기고 자유를 얻겠다는 것은 국가 안에서 사회적 유대관계를 끊겠다는 것과 다르지 않기 때문이다. 그런데 프라이스가 말하는 이른바 입법자로서의 자유 혹은 자치로서의 자유는 바로 완전한 자유를 의미하는 것이고 그것은 국가 안에서는 처음부터 불가능한 것이라고 그는 반박한다. 프라이스가 말하는 '자유국가'란 존재할 수 없다는 것이다.[47] 따라서 미국 식민지인들도 영국인들과 똑같은 법에 의해 통치되기 때문에 그들이 영국의 노예 상태에 있다는 프라이스의 주장은 잘못되었다는 것이다.[48] 그는 프라이스의 논리대로라면 여성들도 자유롭기 위해서는 입법자가 되어야 하는 것이냐고 야유하면서,[49] 또한 그렇다면 하인들은 그야말로 노예에 지나지 않는 것이냐고 반문한다.[50]

린드의 이러한 주장은 17세기에 이미 고전적 공화주의의 자유론을 비판한 홉스와 로버트 필머의 그것과 일맥상통한다. 앞서 보았듯이 홉스도 자유란 단지 인간의 행위가 간섭과 방해받지 않는 상태라고 보았다. 법이 제약하지 않는 한에서만 인간은 자유롭다는 것이 그의 주장이다. 그리고 그것은 이른바 '자유국가'에서나 왕국에서나 마찬가지라는 것이다. 로버트 필머도 자유를 제약하지 않는 법이란 있을 수 없기 때문에 완전한 자유란 법의 부재를 말한다고 비판한다.[51] 그는 그러한 자유란 그 어떤 국가에서도 존재할 수 없다고 단정하면서 법 만들기를 좋아하는 민중 국가는 그만큼 덜 자유로운 국가라고 야유한다.[52] 그러나 린드에게 영향을 준 것은 이들 17세기 사상가들이라기보다는 바로 동시대의 공리주의 철학자 벤담이었다.[53]

린드는 자신의 자유에 대한 정의가 벤담의 사상에서 빌려온 것임을 고백한다. 벤담은 결코 자유를 적극적인 것으로 해석하지 않았다는 것이다.[54] 벤담 자신도 린드에게 보낸 편지에서, 자유를 소극적 개념으로서 처음에는 제약의 부재, 나중에는 강제의 부재로 규정하였다고 회상하였다.[55] 이것은 곧 프라이스가 말하는 자치로서의 자유를 부정하는 것이었다. 벤담은 자신이 미국혁명에 반대한 것은 모든 사람이 그 자신의 입법자가 되어야 자유롭다는 프라이스의 주장에 반대한 것이라고 술회하였다.[56] 그는 입법 과정에 참여하여 법에 의한 자유를 확보해야 한다는 공화주의자들의 주장을 부정하면서 자유는 법에 의해서 생기는 것이 절대로 아니라고 강조하였다. 법이 없을 때 자유는 존재한다는 것이다.[57] 모든 법은 자유를 침해하는 강제와 제약이라는 것이 벤담의 지론이었다.[58] 이렇게 볼 때 1791년의 프랑스 인권 선언은 오히려 자유를 축소시키는 것이었다고 벤담은 꼬집는다. 왜냐하면 자유를 법적 권리로 규정함과 동시에 그 법을 지켜야 하는 의무도 생겼기 때문이다.[59]

이들에 의하면 자유는 생득적인 것도 아니요, 자연권도 아니다.[60] 따라서 정치와 입법의 목표도 자유가 아니라 공리와 행복일 뿐이라는 것이다.[61] 린드는 만약 인민에 의한 정부의 통제라는 의미의 자유가 정치와 입법의 목표라면 그것은 오히려 인민의 자유를 훼손한다고 주장한다. 그는 그 예로서 로마 공화국과 당시의 폴란드를 들었다. 이러한 상황에서는 좀더 강력한 인간들이 약자를 억압하고 권력을 남용해도 정부가 이를 막을 길이 없다는 것이다.[62] 그의 이러한 주장은 국가에서 중요한 것은 자유가 아니라 안전이라는 결론에 도달한다. 그리고 그것은 최고 권력을 제한함으로써 나오는 것이 아니다. 최고 권력을 몇몇 부분으로 나누어 통치자의 이익이 피통치자의 그것과 일치하게 함으로써 가능한 것이라고 그는 주장한다. 최대 다수의 최대 행복은 이렇듯 안전을 보장받을 때 성취된다는 것이다.[63]

케임브리지의 수학자였던 리차드 헤이도 린드와 같은 주장을 펼쳤다. 그는 자유란 단지 어떤 것을 하지 못하게 하는 제약으로부터 벗어나는 것이라고 규정한다.[64] 그는 국가 사회의 모든 법이 자치를 제한하고 있기 때문에 프라이스처럼 자치가 자유라고 주장한다면 모든 법이 폐지되어야 한다고 비꼬았다.[65] 토리파 정치인이었던 존 쉐비어도 프라이스의 자유론을 비판하였다. 프라이스가 말하는 자유는 다수의 폭정을 야기할 수 있다는 것이다. 따라서 자유는 인민이 입법자로서 자치를 실현하는 것이 아니라, 어떤 형태의 정부하에서든 올바르게 운영되는 법의 산물일 뿐이라고 그는 주장한다.[66] 법학자였던 윌리엄 펠리는 입법 과정에의 참여를 통한 자치로서의 자유를 논하는 공화주의적 자유론은 경험적으로 성취될 수 없는 것이며 오로지 기대감만 자극시켜 사회 혼란만 가져올 뿐이라고 비판하였다.[67] 또한 그러한 기준으로 자유냐 노예냐를 나누는 것은 너무나 지나친 흑백 논리라는 것이다.[68] 그는 자유는 단지 물리적·법적 제한의 부재일 뿐이라고 규정하면서,[69] 공화주의적 자유론이 말하는 자유는 자유 그 자체라기보다는 자유를 보존하고 수호하기 위한 수단을 말하는 것이라고 지적한다.[70]

이러한 주장들은 모두 벤담의 표현대로 자유를 '소극적' 의미로 파악한 것이다. 자유는 주권자로서 자치를 실현하는 것이 아니라 단순히 강제와 제약의 부재일 뿐이다. 그런데 모든 사회와 국가가 유지되기 위해서는 법이 필요하고 법은 제약과 강제가 그 속성이기 때문에 완전한 자유란 있을 수 없다는 것이다. 따라서 자유를 누릴 수 있는지의 여부가 중요한 것이 아니다. 정부에 의해 얼마나 잘 안전을 보장받고 편리함을 누리는가가 중요하다는

것이다.[71]

  그러나 이러한 주장들은 재야 급진파 지식인들에 의해 배격당하였다. 가장 대표적인 인물이 바로 존 카트라이트였다. 미국혁명과 프랑스혁명의 열렬한 지지자였으며 의회 개혁운동의 지도자였던 그는 자유란 결단코 정치적 참여를 의미한다고 주장하였다.[72] 그는 이러한 자유의 반대말로 '노예 상태'라는 단어를 사용하였다. 입법 과정에 참여하지 못하는 사람들은 입법 과정에 참여하는 사람의 노예에 불과하다는 것이다.[73] 그의 이러한 주장은 자연스럽게 성인 보통 선거권제의 도입과 이에 입각한 의회 개혁운동으로 이어졌다. 인민이 바로 권위와 권력의 원천이기 때문에 성인 보통 선거권을 도입하여 부패한 의회를 개혁해 인민이 입법권 행사에 참여할 때 비로소 자유는 수립된다는 것이다.[74] 정치적 참여 없이 보장받는 소극적 자유는 단순히 법적 보호일 뿐 진정한 자유는 아니라고 그는 단언하였다.[75]

맺음말

  왜 이러한 공화주의 자유론을 발굴해내는 작업이 가치 있는 것일까? 그 이유는 그것이 오늘날의 신자유주의 헤게모니에 도전할 수 있는 소중한 사유의 방식을 제공하기 때문이다. 그리고 스키너의 주장처럼 그것을 통해 우리는 좀더 민주주의적으로 자유를 이해하여 자유와 평등, 자유와 민주주의를 최근의 자유주의 이데올로기가 허용하는 것보다 더 밀접하게 같이 묶어 생각할 수 있기 때문이다. 오늘날 신자유주의가 양극화를 심화시키고 있는 상황에서, 자유는 더이상 간섭의 부재로서 소극적으로만 해석되어서는 안 된다. 강자의 아량으로 약자는 간섭받지 않고 자신의 취향을 추구할 수 있다. 과연 그것을 진정한 자유라고 말할 수 있을까? 진정한 인간적 자유는 강자와 약자가 아량과 시혜라는 종속적 관계로 맺어질 때 담보되는 것이 아니다. 그것은 동등한 시민으로서 입법과 정책 결정 과정에 평등하게 참여할 수 있을 때 가능한 것이다. 이를 위해서 요구되는 것은 바로 시민적 덕이다. 시민적 평등을 침해하는 그 어떤 자의적인 세력에 대해서도 늘 깨어 있는 경계심을 늦추어서는 안 된다. 자유인으로시 연대하고, 참여를 통해 시민적 평등을 유지할 때 비로소 자유를 누릴 수 있는 것이다.

이러한 의미에서 스키너는 개인의 자유와 공동선은 양립 불가능하다는 존 롤스식 자유주의[76]에 대해서도 비판한다.[77] 개인의 자유를 최대화하기 위해 공동체가 요구하는 사회적 의무를 간섭으로 생각해서는 안 된다는 것이다. 스키너는 공동체의 공동선을 위해 헌신하는 것이 곧 인간의 자기실현이라는 목적을 성취하는 것이라는 매킨타이어의 아리스토텔레스주의적 공동체주의[78]에는 분명히 반대한다. 그리고 공화주의가 그러한 공동체주의가 아니라고 부인한다.[79] 그러나 그는 공동선을 설정하고 추구하는 것이 개인의 자유를 방해하는 것이라고는 보지 않는다. 그것은 개인이 자유를 누리기 위한 수단이라는 것이다. 그것을 통해 공동체의 자유를 침해하는, 즉 평등한 구성원들을 예종의 사슬로 묶으려는 세력을 막아냄으로써 개인들은 비로소 자유로울 수 있다는 것이다. 스키너는 우리의 시민적 의무를 권리에 앞서 우선시하지 않는다면 그 권리도 곧 상실하고 말 것이라고 경고한다.

자유주의 이전의 자유

-

퀜틴 스키너

이 책은 내가 1997년 11월 12일 케임브리지대학교 근대사 왕립 석좌 교수로 취임하면서 행한 강연을 확대 발전시킨 것이다. 나는 그 강연에서 '시민적 자유에 대한 신로마적 이해'라고 내가 이름 붙인 개념이 영미 정치 이론 안에서 어떻게 부침을 겪었는지를 보여주려 하였다. 신로마적 이론은 17세기 중반 잉글랜드 혁명의 과정에서 급격히 부상하였다. 그것은 18세기에 들어와 영국의 과두 지배 체제를 공격하는 데 사용되었고 그후에는 영국 왕에 맞선 아메리카 식민지인들의 혁명을 옹호하는 데에도 이용되었다. 그러나 신로마적 이론은 19세기에 들어 점점 시야에서 멀어져갔다. 물론 몇몇 요소들은 차티스트들의 6개 항의 요구,[1] 존 스튜어트 밀의 여성 종속론,[2] 그리고 종속되고 억압된 자들을 대변하는 여타의 호소들 속에 살아남았다.[3] 그러나 자유주의의 이데올로기적 승리는 신로마적 이론에 대한 광범위한 불신을 야기했다.[4] 한편으로는 고전적 자유주의 안에 배태된 자유에 대한 또다른 경쟁적 관념이 영미 정치 철학 안에서 우위를 차지하게 되었고, 오늘날까지 그 우위를 뺏기지 않고 있다.

이 책이 의도하는 바는 우리가 잃어버린 지적 세계를 다시 탐색하며, 자유주의적 헤게모니에 의문을 제기하는 것이다. 이를 위해 나는 신로마적 이론이 처음 어떤 지적·정치적 맥락 안에서 형성되었는지를 알아볼 것이다. 그리고 그 이론 자체의 구조와 전제들을 탐구할 것이다. 그렇게 해서 다시 그 이론을 지적으로 고려해야 한다면 어떤 방법으로 해야 하는지 제시하려 한다.

이 책을 위해 그동안 많은 사람들에게 신세를 졌다. 나는 이와 연관된 주제들을 연구하는 많은 학자들과의 토론을 통해 많은 것을 얻었다. 데이비드 아미티지, 제프리 볼드윈, 애너벨 브렛, 앨런 크로마티, 마틴 젤자이니스, 마쿠 펠토넨, 데이비드 런시먼, 조너던 스콧, 장 페비앙 스피츠, 블레어 워든에게 따뜻한 감사의 마음을 전한다. 또한 로마법에 대해 많은 토론을 한 데이비드 존스톤에게, 그리고 의견교환을 통해 특히 많은 도움을 준 존 포콕과 제임스 털라이에게도 깊이 감사한다.

필립 페티트에게는 실로 각별한 빚을 지고 있다. 자유에 대한 그의 저술은 나에게 깊은 영향을 끼쳤다.[5] 내가 이 주제에 대한 연구로 다시 돌아오게 된 것도, 1994년 오스트레일리아 국립대학교 사회과학연구원에서 나와 페티트가 공동으로 주재한 '자유와 자유의 역사'에 대한 합동 세미나에서 연유한다고 할 수 있다. 언제나 그랬듯이 그래도 가장 큰 빚을 진 사람은 수전 제임스다. 그녀는 이 책의 초고가 한 부분씩 나올 때마다 빠뜨리지 않고 다 읽어 주었을 뿐만 아니라 나와의 토론에도 응해 주었다. 물론 그중에는 언제나 기억하고 싶은 토론도 있다.

지난 2년 동안 나는 '공화주의: 유럽의 공동 유산'이라는 제목의 유럽과학재단 공동 연구의 좌장을 맡아왔다. 회의 때 발표된 많은 논문들로부터 많은 것을 배웠다. 그리고 물론 이 토론이 내 논의에 많이 반영되었다. 학문적 상호 관심사에 활발히 토론해주었을 뿐만 아니라 모임의 간사 역할을 맡아준 마틴 반겔더렌에게 특히 감사한다.

나는 두 번에 걸쳐 수준 높은 청중 앞에서 강연할 수 있는 특별한 기회를 가졌다. 1995년 12월, 켄트대학교의 T. S. 엘리엇 추모 강연에 초대되는 영광을 얻었고, 강연에 이어 진행된 세미나는 실로 큰 기쁨이었다. 또한 1997년 봄, 꼴레주 드 프랑스에서 가졌던 강연도 마찬가지로 큰 영광이었다. 그곳에서 엘리엇 추모 강연을 손질하여 "자유의 네 가지 전통"이라는 제목으로 강연하였다. 내 생각을 잘 이해해 주고 호의를 베풀어준 피에르 부르디외에게 감사한다.

케임브리지대학출판부에서 취임 강연을 발전시켜 책으로 발간하자는 제의를 해주었다. 나는 친절한 충고와 격려를 해준 제러미 미놋에게 언제나 그렇듯 감사한다. 리처드 휘셔는 내 책의 편집을 맡아 나의 원고가 최대한 신속하게 그리고 효율적으로 출판

될 수 있도록 했다. 프랜시스 너전트는 한눈팔지 않고 실로 꼼꼼하게 휘서의 편집을 도왔다. 이번이 처음은 아니지만, 출판부 모든 직원들의 헌신에 얼마나 감사해야 할지 모르겠다. 필립 라일리는 주석을 손보자는 나의 제안을 선뜻 수락했다. 주석 부분의 일을 맡은 그는 언제나 그렇듯, 다른 사람들은 엄두도 못 낼 정도로 꼼꼼하게 그 일을 수행했다.

이 책을 쓰면서 다음과 같은 관례에 따랐다. 저자 미상의 1차 사료들은 그 제목만 참고문헌 목록에 실었다. 익명으로 출판되었으나 후에 저자가 누구인지 밝혀진 사료들의 경우에는 그 저자의 이름을 대괄호 안에 넣어 표기하였다. 고대 작가들은 모두 우리에게 친숙한 단일 명칭으로 표기하였다. 근대 초기의 사료들을 직접 인용할 때는 대체적으로 원래의 표기법과 구두법을 그대로 보존하였다. 그러나 내 글 안에서 인용할 때는 문맥에 따라 소문자를 대문자로, 혹은 그 반대로 바꾸기도 하였다. 번역을 해야 할 경우, 원문과 번역문이 같이 수록된 판본을 사용할 때도 내 나름의 기준으로 번역하였다.

이 책을 쓰면서도 형식에 구애받지 않는 강연의 묘미를 어느 정도 유지하려고 하였다. 단순하고 지엽적인 인용이나 언급들은 뺐다. 나는 나보다 바로 앞서 왕립 석좌 교수를 지냈던 제프리 엘튼과 패트릭 콜린슨에 대한 찬사로 강연을 시작했는데, 그 내용이 이 책에서 빠지게 된 점을 무척 아쉽게 생각한다. 따라서 케임브리지의 이 두 거장에 대해 몇 마디 언급하고 이 서문을 끝낼까 한다.

액튼 경은 그의 취임 강연을, 자신이 '사상들의 일반적인 운동'이라고 묘사한 것에 대해서 얘기하는 것으로 시작하였다.[6] 그러한 운동에 역사적 관심을 두는 사람들에게는, 17세기 중반의 헌정적 격변과 함께 영국사의 클라이맥스가 도래했다고 느끼지 않을 수 없으리라. 그러나 이러한 판단이 결코 당연한 것으로 받아들여져서는 안 된다. 제프리 엘튼은 16세기가 잉글랜드의 형성에 더 큰 의미를 갖는 시기임을 밝히려는 그의 야망을 추구하여 잉글랜드사의 겉모습을 변화시켰다. 패트릭 콜린슨의 공헌도 마찬가지로 혁신적이고 설득력 있는 것이었다. 학문적 엄격함과 문학적 우아함을 모범적으로 겸비한 그는 잉글랜드 종교개혁의 산통기에서 엘리자베스시대의 청교도 운동 시기까지의 기간이 정치적·사상적 영역 모두에서 잉글랜드사의 중요한 전환점이라고 계속해서 주장했다.[7] 이제 이 책에서 17세기로 돌아오면서, 그것이 엘튼과 콜린슨의 앞선 시기 연구에 의해 몰라볼 정도로 바뀐 풍경으로 돌아오는 것임을 나는 잘 알고 있다.

존 밀턴(1608~1674) 초상화와 친필 서명.

자유국가의 신로마적 이론

1642년 잉글랜드에서 내전이 발발했을 때, 이데올로기적 주도권은 처음에는 찰스 1세 체제의 반대자들이 장악하고 있었다. 왕에 대한 의회의 반대를 옹호하는 사람들 가운데 헨리 파커가 아마도 가장 큰 영향력을 행사하고 있었다. 그들은 적어도 국가 비상사태에서는 '법의 문제뿐만 아니라 국가의 문제에 있어서도 최고의 사법권'은 궁극적으로 주권자인 인민의 대표로서 의회의 양원이 행사해야 한다고 주장하고 있었다.[8] 파커는 1642년 왕의 주장에 대한 반론에서 '주권의 온전한 운영'은 '군주들에게 권력은 2차적인 것이요, 파생적인 것이라는 사실'을 인식하느냐에 달려 있다고 선언하였다.[9] '바로 인민이 권력의 원천이며 따라서 그것을 사용할 수 있는 권능은 인민으로부터 나오는 것'이기에, 인민들의 자유와 안전이 위기에 처했을 때에는 인민들이 선출한 대표들이 '왕 없이도 공공의 중요사에 대해 판단하고 그 어떤 조치든

취할 수 있는' 권리를 가지고 있다는 것이다.[10]

이러한 파커의 의회 주권에 대한 방어는 즉각적으로 왕당파의 반발을 야기했다. 그들은 왕의 인신이 주권의 유일한 주체이자 행사자라고 확신하고 있었다.[11] 찰스 1세의 변호자들은 근거 없이 '새롭게 주조된 왕과 왕의 권위와의 구분'을 일축하면서, 성서에 보면 신은 '주권과 주권을 부여받은 인격체 모두가 왕에게 속해 있고, 왕에 의한 것이고, 직접적으로 왕으로부터 나온다'고 말씀하셨다고 주장했다.[12] 한편, 조심스러운 의회파의 다수는 영국 헌정의 실제적 운영에 주목하면서 절대적 혹은 주권적 권위는 의회 안의 왕king-in-parliament(왕도 의회 일부라는 개념)이라는 정치체제와 함께 존재한다고 결론을 내렸다. 1642년 『잉글랜드 절대왕국』를 쓴 익명의 저자는 '왕과 의회'는 '견고하게 통합되어 하나의 절대 권력을 만들었다'고 선언했으며[13], 한편 그다음해 필립 헌튼은 그의 『왕국론』에서 '우리 왕들의 주권은' '의회 내의 다른 두 신분 회의의 공존의 권위'에 의해 제한받고 있다고 주장했다.[14]

헌정의 위기가 심화되자,[15] 새로운 목소리가 이러한 오래된 주장들을 뚫고 나타났다. 주권의 진정한 주체 혹은 소유자는 자연인으로서의 왕도 아니고, 자연인들의 단체도 아니며, 그것은 차라리 국가라는 법인이라는 주장이 제기되었던 것이다. 이러한 주장의 전례는 우선 로마법 법률가들 가운데서 찾아볼 수 있다.[16] 그리고 이 주장은 유럽 대륙의 많은 자연법 철학자들에 의해 개진되었으며, 그 누구보다도 사무엘 푸펜도르프에 이르러 절정에 달했다. 1672년에 발간된 그의 『자연과 국가의 법에 대하여』에서[17] 그는 국가를 복합적인 도덕적 법인이라고 설명하였다.[18] 그러나 영어권 정치 이론에서 이 주장은 토머스 홉스와 관련 있음을 부인할 수 없다.[19] 홉스는 1642년 그의 『국가론』에서 국가 주권에 대한 논의를 시작했다.[20] 그러나 국가 주권에 대한 결정적인 정의는 1651년의 『리바이어던』에서 내려졌다. 거기서 홉스는 국가 혹은 정치공동체를 "그 행위에 대하여 대다수 다중이 각자를 그 행위의 장본인이라고 생각하는 하나의 법인"이라고 규정하면서 "그 법인을 운영하는 인간을 주권자라고 부른다"라고 설명했다.[21] 간단히 말해, 이러한 정의에서 우리는 국가가 주권을 행사하는 사람들에 의해 운영되거나 대표되는 인공적 법인이요, 그들의 대표 행위는 그들이 그들 자신의 신민들에 의해 권위가 부여되었다는 사실에 의해 정당화된다는 명료한 주장과 처음으로 만나게 된다.

동시에 이와 관련하여 국가의 권력과 그 신민들의 자유 사이의 관계에 관한 견해가 개진되었다. 정치적 결사체의 구성원으로서 자유롭다는 것은 단순히 자신이 추구하는 목적을 위해 자신의 능력을 발휘하는 데 방해받지 않는 것을 의미할 뿐이라는 것이다. 또한 동료 시민들의 행위의 권리를 침해하지 못하게 하고, 이를 위해 모든 사람들에게 평등하게 법의 강제력을 부과하는 것이 국가의 주된 의무 가운데 하나라는 것이다. 이 견해에 의하면 법이 끝나는 곳에서 자유는 시작된다. 법의 명령에 따라 물리적으로 혹은 강제로 어떤 행위를 해야 한다든지 혹은 어떤 행위를 금지당하지 않는다면, 개인은 자신의 힘을 행사할 수 있게 되고 행사하는 만큼 자유를 소유하고 있다는 것이다.

이러한 이론은 로마법에서도 발견된다.[22] 잉글랜드 혁명이 발발하고 나서 곧 많은 수의 법리를 따지는 왕당파들, 예를 들어 그리피스 윌리엄스Griffith Williams, 더들리 디기스Dudley Digges, 존 브램홀John Bramhall 등의 주장에서도 발견된다. 그리고 얼마 지나지 않아 로버트 필머가 그 뒤를 이어갔다.[23] 그러나 17세기 중반 영국에서 이에 대한 가장 명확한 논의는 앞서 본 바와 같이 홉스의 『리바이어던』에서 찾아볼 수 있다. 홉스의 주장은 매우 간단하다. 그는 법의 강제력조차도 자연적 자유를 훼손하지는 않는다고 주장했다. "일반적으로 국가 안에서 인간들이 법이 무서워서 행하는 모든 행동은 그것을 안 할 수도 있는 자유를 가졌었는데도 행한 행동"[24]이라는 것이다. 이러한 역설적 주장은 홉스가 유물론자이자 결정론자로서, 운동중인 물체가 구성하는 것이 바로 현실이라고 믿었다는 사실에 뿌리박고 있다.[25] 따라서 자유란 육체가 그 힘에 따라 행동하는 것을 방해받지 않는다는 사실 이외에는 아무것도 아니다. "자유로운 인간이란, 그의 힘과 지혜로써 할 수 있는 일들을 그의 의지대로 하는 것을 방해받지 않는 인간"[26]이라는 것이다. 어떤 인간이 자유롭게 행동한다고 말할 때, 그것은 단순히 마음먹은 대로 행했고 외부적 강제나 방해 없이 그렇게 했다고 말하는 것이다. 반대로 어떤 사람이 어떤 행위를 자기 나름대로 할 수 있는 자유가 없다고 말할 때, 그것은 단순히 자신의 힘으로

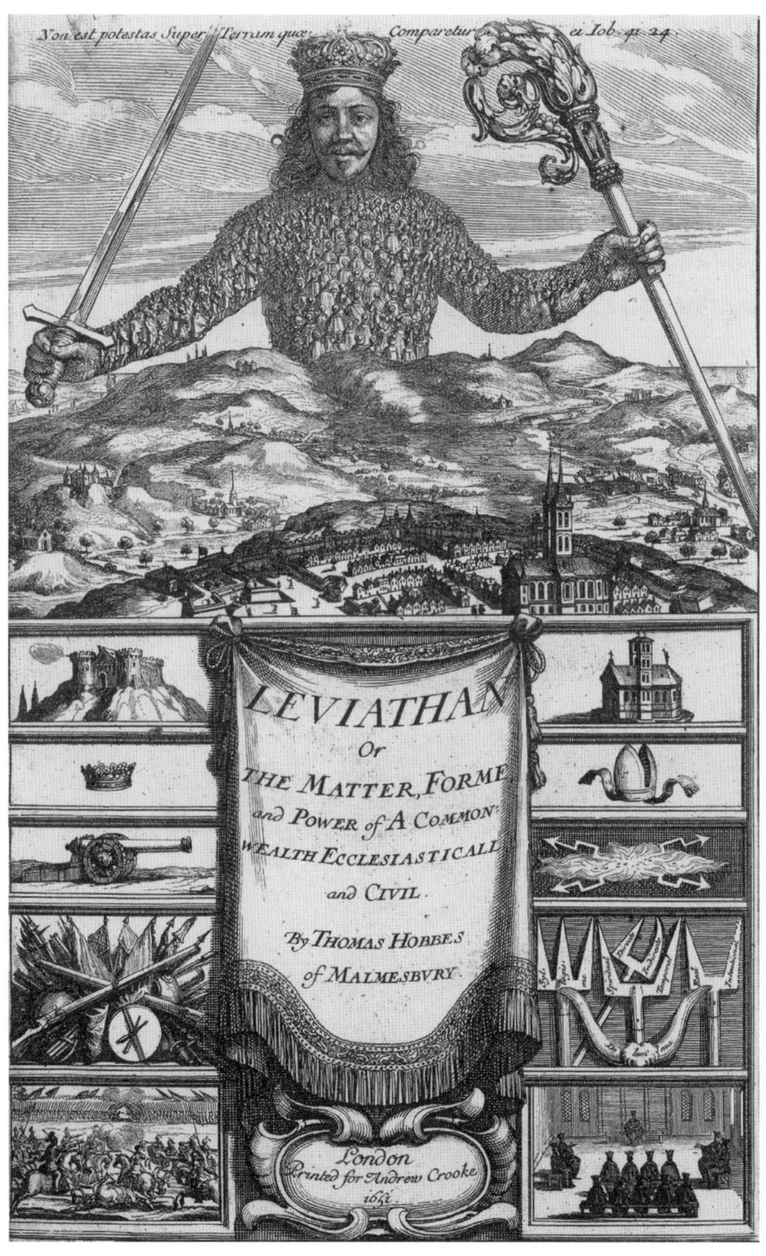

토머스 홉스(1588~1679)의 『리바이어던』 1651년 초판 표지 삽화. 이 책의 정식 제목은 『리바이어던, 혹은 교회 및 세속적 공동체의 질료와 형상 및 권력*Leviathan, or The Matter, Forme and Power of a Common-Wealth Ecclesiastical and Civil*』이다.

할 수 있는 행위가 어떤 외부적 힘의 간섭으로 인해 불가능해졌다는 것을 말하는 것이다.[27]

이러한 설명이 보여주듯이, 홉스는 인간 행위와 관련하여 의지의 능력에 대해 전통적 의미로 말하는 것에 반대하지 않았다. 그러나 홉스가 이러한 용어를 사용할 때, 그는 언제나 의지란 '의도적인 행위의 궁극적인 욕망' 그 이상이 아니라고 주장한다. 그리하여 의지의 작동은 언제나 그 당사자의 행위의 우발적인 원인이 되는 요인들뿐만 아니라 당사자의 의도적인 행위에 영향을 주는 요인들에 의해서도 유발된다는 것이다.[28] 뒤집어 생각해보면 의지에 반해서 강제로 어떤 행위를 했다고 하는 것은 말이 안 된다는 것이다. 왜냐하면 그 행위 뒤에 깔려 있는 의지는 언제나 그 행위 자체에 의해서 드러나기 때문이다.

우리는 이제 법에 복종하여 행동할 때도 여전히 자유롭다는 홉스의 언명이 의미하는 바를 알 수 있다. 법이 그것을 안 지켰을 경우 야기되는 결과에 대한 공포를 유발시켜 복종을 강요할 때, 그것은 의지에 반해서, 따라서 자유롭다고 하기에는 부족한 상태에서, 그렇게 하게끔 하는 것이 아니다. 그것은 언제나 복종하지 않겠다는 의지를 포기하고, 복종하겠다는 의지를 갖게 하여, 결과적으로는 자유 의지 안에서 복종하게 하는 방식으로 유도할 뿐이다.[29]

그러나 홉스의 조심스러운 표현에 의하면, 그도 법 안에 구체화된 형벌의 위협이 의지를 법에 '일치'시키는 데 공헌하고 있으며, 보통 그러한 일치는 법에 복종하지 않을 경우 나타날 결과를 상상했을 때 느끼는 공포 때문에 발생한다는 점을 강조하고 있다.[30] 그래서 정치 사회에서의 법의 '인공적 사슬'은 실제 사슬과 같아서 사람들을 강제할 수 있다. 다른 점은 법의 사슬은 "그것을 파괴하는 것이 어려워서가 아니라 위험하기 때문에 유지되도록 만들어졌다"는 점이다.[31]

홉스는 이와 같이 디기스, 브람홀, 필머와 같은 다른 왕당파들의 주장과 맥을 같이하면서도, 신민의 자유에 대해 서로 대비되는 두 가지 결론에 이른다. 첫째, 정치 사회에서 자유의 범위는 '법의 침묵'에 달려 있다고 그는 주장한다.[32] 만약 법이 어떤 특정한 방식대로 행위하기를 원하거나 그런 행위를 금지한다면, 법은 법에 일치하게끔 겁을 주는 일에 충분히 관심을 가질 것이다. 그러나 이러한 결론과 대비되는 홉스의 또다른 결론은, 일치해야 하는 법이 존재하지 않는 한, 신민으로서 누릴 수 있는 자유는 그대로 존재한다는 것이다.[33] "주권자가 지배하지 않는 경우, 신민은 그의 재량대로 무엇을 할 수 있는, 혹은 하지 않을 수 있는 자유를 지니는 것이다."[34] 육체적으로나 법적으로 강제되지 않는 한, 신민들은 자유롭다.

홉스 자신이 언제나 강조했듯이 이렇게 주장하는 목적 가운데 하나는, 왕당파의 그것과 달리 자유의 개념을 '자유국가'라는 고전적 이상과 연계하여 논의하는 또하나의 강력한 사상적 전통을 논박하는 데 있다.[35] 왕당파의 그것과 경쟁 상대였던 이 이론 역시 로마시대의 법적·도덕적 논의의 중요한 특징 가운데 하나였으며, 후에 이탈리아 르네상스 시기에 공화주의적 자유의 옹호자들[36], 누구보다도 『리비우스의 로마사 논고』를 쓴 마키아벨리에 의해[37] 재생되고 채택되었다. 디기스, 홉스, 필머와 다른 왕당파들이 잉글랜드 혁명 과정에서 앞서 말한 자유론을 주장하자마자, 의회파 대의의 많은 지지자들이 바로 이러한 고전적 자유론을 주장하면서 대응하였다. 이로써 근대 초기에 신로마적 요소라고 이름 붙이면 가장 좋을 정치사상의 한 조류가 새롭게 부각된 것이다.[38]

잉글랜드의 르네상스 시기에 인문주의적 가치가 수용되면서 이러한 신로마적 이론은 이미 깊숙이 그리고 여러 갈래로 뿌리내렸다. 패트릭 콜린슨은 엘리자베스 사회 후기에 이미 '정치적 사고와 행위의 의사quasi 공화주의적 양식'이 어떻게 나타나는지를 보여준 바 있다.[39] 리처드 비콘Richard Beacon, 프랜시스 베이컨과 같은 '정치에 사려 깊은' 인문주의자들이 '자유로운 삶vivere libero'에 대한 마키아벨리적 관념에 의존하기 시작한 후, 곧[40] 비슷한 관념들이 그 시기 희곡과 시에서 등장하기 시작했다. 가장 대표적으로 필립 시드니Sir Philip Sidney의 『아르카디아Arcadia』와 벤 존슨Ben Jonson의 로마시대를 소재로 한 희곡들에서 나타났다.[41]

그 이후로 자유국가 이론은 18세기에 이르기까지 가부장제적 정부 이론뿐만 아니라 계약론적 정부 이론에 대해서도 가시와 같은 존재로 남아 있었다. 『다시 태어난 플라톤Plato Redivivus』을 쓴 헨리 네빌Henry Neville과 『정부론Discourses Concerning Government』을 쓴 알저논 시드니Algernon Sidney와 같은 사상가들은 후기 스튜어트 왕가의 지배를 전제라고 주장하면서 이를 공격하기 위해 자유국가 이론을 부활시켰다. 그들은 모두 1680년대 초, 가톨릭과 폭군의 위협이 나타나리라고 예측하고 이에 맞서 적극적으로 행동에 나선 인물들이었다.[42]

기회주의적이기는 하지만 1720년대에 볼링브로크Lord Bolingbroke와 그의 동료들은 로버트 월폴Sir Robert Walpole이 지배하는 휘그 과두 체제를 공격하는 수단으로 같은 이론을 주장하였다.[43] 가장 진지한 논쟁의 형태로 이 이론이 다시 표명된 것은, 뒤이어 나타난 리처드 프라이스Richard Price와 또다른 이른바 공화국인들commonwealthmen이 아메리카 식민지인들과 그들의 1776년의 영국 왕으로부터의 일방적 독립선언을 옹호하면서였다.[44]

그러나 나는 1649년 국왕을 처형하고 잉글랜드를 '공화국이요 자유국가'[45]라고 공식 선언한 이후 신로마적 사상을 강화한 인물들에게 초점을 맞추려 한다. 신로마적 이론은 새로운 정부가 그 자신을 방어하기 위해 주도한 선전 활동에서 핵심적인 요소로 나타난다.[46] 마처몬트 니덤Marchamont Nedham은 정부 공식 신문이었던 〈정치 신문Mericurius Politicus〉의 편집인으로서, 그의 동료 시민들에게 '자유의 국가 안에서 산다는 것'[47]이 무엇을 의미하는지를 교화시키려는 특별한 목적을 가지고, 1651년 9월에서부터 1652년 8월에 걸쳐 일련의 사설을 집필했다. 니덤의 사설 작업은 존 밀턴

1649년 1월 20일 웨스트민스터궁에서 열린 찰스 1세의 재판.

1649년 1월 30일 화이트홀 연회장 앞에서 거행된 찰스 1세의 참수.

처형 직전 찰스 1세는 근엄한 목소리로 다음과 같이 훈시했다.

"짐은 그 누구와도 마찬가지로 인민들이 자유롭기를 진실로 원한다. 그러나 이것만큼은 반드시 말해야겠다. 인민들은 정부가 존재해 법의 집행을 통해 그들의 생명과 재산을 온전히 그들의 것으로 만들어 줄 때 비로소 자유롭다. 결코 정부에 참여해 통치할 때 자유로운 것이 아니다. 신민과 주권자는 완전히 다른 유의 것이다. 인민들을 그 방향으로 몰아가면 그들은 절대로 자유를 누릴 수 없다. 나는 인민을 위해 죽는 순교자다."

이는 그가 의회파 공화주의자들과는 전혀 다른 자유관을 가지고 있었음을 보여준다. (역자)

에 의해 검열받고 허가되었는데, 밀턴은 1649년 3월에 새롭게 구성된 국가 평의회Council of State의 서기로 일하고 있었다.[48] 밀턴 역시 새로운 체제의 선전을 위해 그의 웅변적 필력을 발휘해야 했다. 1649년에서 1651년에 걸쳐 공화국을 옹호하기 위해 출간한 논고들, 특히 1650년에 출간된 『성상파괴자들Eikonoklastes』 2판에서, 그는 자유의 고전적 관념들에 광범위하게 의존했다.[49]

공화국을 옹호하기 위한 이러한 유명한 지식인들의 참여는 1650년대 초에 들어와 그보다 덜 유명한 지식인들에게 반향을 불러일으켰다.[50] 예를 들어 조지 위더George Wither,[51] 존 홀John Hall,[52] 프랜시스 오스본Francis Osborne,[53] 존 스트리터John Streater[54] 등이 이에 호응하고 나섰다. 그러나 잉글랜드에서 자유와 정부에 대한 공화주의적 이론이 만개한 것은 1656년이었다. 두 해 동안의 파괴적인 헌정적 실험을 끝낸 후, 올리버 크롬웰은 그해 5월 새로운 의회를 소집하기로 결정했다. 호국경 체제를 끝내고 진정한 공화주의를 실현할 기회가 찾아왔고, 니덤은 즉각적으로 전에 썼던 사설들을 수정하여 『자유국가의 수월성The Excellency of a Free State』이라는 제목으로 그해 6월에 재출간하였다.[55] 두세 달 후에 제임스 해링턴은 마찬가지로 이 기회를 놓치지 않았다. 그는 1656년이 저물어가던 때 『오세아나 공화국the Commonwealth of Oceana』을 출간했는데, 그것은 의심할 여지 없이 자유국가에 대한 영어 논고 가운데 가장 독창적이고 영향력이 큰 책이었다.[56]

잉글랜드 공화국의 대의는 결국 퍼져나갈 수 없었다. 1658년 크롬웰이 죽은 이후 정치적 혼란이 깊어가자, 왕정복고는 시간문제였다. 잉글랜드 공화주의자들의 목전의 희망은 밀턴의 웅변적인 『자유 공화국을 수립할 수 있는 즉각적이고도 쉬운 방법*The Readie and Easie Way to Establish a Free Commonwealth*』의 출간을 마지막으로 꺼져갔다. 이 책의 2판이 1660년 4월에 나왔는데, 그때는 이미 찰스 2세의 귀환을 환영하는 준비가 진행되던 때였다.[57] 그럼에도 불구하고 공위시대는 1640년대 중반부터 1653년 크롬웰에 의해 강제 해산될 때까지, 장기 의회의 젊은 의원들이었던 헨리 네빌과 알저논 시드니와 같은 저술가들의 정치적 감각을 키워주었다. 뿐만 아니라 17세기의 신로마적 그리고 공화주의적 저술들의 가장 풍요로운 유산을 후대에 물려주었다.[58]

신로마적 이론가들은 시민적 자유의 의미에 대해 논의할 때, 일반적으로 그 개념을 엄격하게 정치적 의미로 생각하고 있음을 분명히 했다. 그들은 지배자와 피지배자 사이에 존재하는 도덕적 공간으로서의 시민 사회라는 근대적 개념을 갖고 있지 않았다.[59] 따라서 그들은 가족 혹은 노동시장과 같은 제도 안에 내재한 자유와 억압의 차원은 별로 언급하지 않았다. 그들은 거의 전적으로 신민의 자유와 국가의 권력 간의 관계에만 관심을 가질 뿐이었다. 그들은 서로 상반되는 시민적 자유와 정치적 의무가 조화를 이루기 위해서는 어떤 조건이 마련되어야 하는지를 중점적으

로 추구하였다.[60]

　이러한 문제를 생각하면서, 신로마적 저술가들은 일반적으로 자신들이 말하려는 자유는 몇몇 특수한 시민적 권리들을 아무런 강요 없이 누리는 것과 마찬가지라고 할 수 있다고—혹은 더 정확하게는 분명히 그렇게 설명될 수 있다고—일단 가정하고 논의를 시작하였다.[61] 사실 이러한 방식으로 자유에 대한 논의를 전개하는 것은 전례가 없었다. 고대 사상가들도 르네상스시대 이탈리아에서 '자유로운 삶vivere libero'을 주장한 신로마적 저술가들도 그러한 생각은 하지 않았다. 예를 들어, 마키아벨리는 결코 권리라는 언어를 사용하지 않았다. 그는 언제나 개인적 자유를 누리는 즐거움을 예측 가능한 정부의 지배하에서 사는 데서 오는 이익 혹은 혜택으로 묘사하는 데서 더 나가지 않았다.[62] 이와는 대조적으로 내가 언급하고 있는 대부분의 잉글랜드의 저술가들의 생각은—해링턴과 같은 분명한 예외도 있지만—종교개혁의 급진적 정치 이론과 강력하게 혼합되어 있음을 보여준다. 그 이론에 따르면 자유의 상태가 인류의 자연적 조건이라는 것이다.[63] 1649년 밀턴이 그 누구도 "모든 인간이 신의 형상을 본떠 자연적으로 자유롭게 태어났다는 것을 부인할 만큼 어리석지 않다"고 언명했을 때, 그것은 관습적 지혜를 확신을 가지고 요약한 것이었다.[64]

　자연 상태라는 개념, 그리고 이 조건이 완벽한 자유의 상태라는 주장은 로마시대와 르네상스시대 원전들에서는 전혀 발견되지 않는다. 그러나 17세기 저술가들 사이에서 이 원시적 자유들이 신이 부여한 생득권으로서 그리고 자연권으로서 인정받아야한다는 주장이 나왔다. 그리고 밀턴의 표현을 빌리면, "그것을 보호하고 신장시키는 것이 정부의 주요 목적 가운데 하나"[65]라는 주장이 나왔다. 니덤은 이러한 주장을 더욱더 열정적으로 표현하였다. 그에 의하면, 우리는 신으로부터 몇몇 '자연권과 자유'를 부여받았을 뿐만 아니라 "모든 정부의 목적은 인민이 지배자나 다른 동료 시민들에게서 압박과 억압 없이 그들의 권리를 확고히 누리게 하여 이익과 편안함을 얻게 하는 것이다(아니, 그래야만 한다)."[66] 이러한 저술가들의 목적이 자연권을 상세하게 나열하거나 거론하는 것은 결코 아니었으나, 일반적으로 언론의 자유, 행동과 계약의 자유를 자연권에 포함시켰다. 모든 시민은 그들의 생명, 자유 그리고 재산에 대한 적법한 향유에 평등한 권리를 가지고 있다는 주장의 형태로 자연권을 요약하고 있었다.[67] 존 홀은 여기에 흥미로운 주장을 덧붙였다. 그는 '원시의 순수한 자유와 그 딸인 행복'을 언급하면서, 정부의 더 큰 의무가 인간들이 '시민적 삶의 적극적 행복'을 누릴 수 있도록 해주는 것이라고 주장하였다.[68] 그러나 대부분의 신로마적 저술가들은, 니덤의 표현을 빌리면, '생명과 신분, 자유와 재산의 보장'[69]을 지배자들에게 요구하는 것에 만족했다. 예를 들어, 시드니는 '인민의 토지, 자유, 재화 그리고 생명의 보존을 명령하는 법'에 대해 언급하였고,[70] 네빌은 '생명, 자유 그리고 재산'에 대해서 반복해서 언급하였는데, 이것이 후에 존 로크가 『정부에 대한 두 논고*Two Treatises of Government*』에서

정전화한 그 유명한 구절로 이어지게 되었다.[71]

이러한 저술가들이 다시 자유에 대해서 그리고 그것을 가장 잘 보존할 수 있는 방법에 대해서 생각할 때, 그들은 예외 없이 시민적 자유라는 관념에 대한 두 가지 기본 전제를 가정했다.[72] 이제 바로 그것에 대해서 집중적으로 검토해야 한다. 여기에 초점을 맞추려고 하는 이유 가운데 하나는, 자유의 의미에 대한 그들의 견해는 지금까지 자세하게 분석되지 않았기 때문이다.[73] 그 가장 주된 이유는 그들이 신봉한 자유론이 그들만의 독특한 사상의 핵심을 구성하고 있다고 생각하기 때문이다. 때때로 애매모호하게 보이는 그들의 공화주의보다,[74] 또한 그들의 덕의 정치에 대한 의심할 바 없는 집착보다도,[75] 시민적 자유에 대한 분석이 이들을 하나의 특별한 이데올로기의 주창자들로서, 더 나아가 하나의 고유한 학파의 구성원으로서 돋보이게 한다.

그들이 공유한 첫번째 전제는 시민 개개인이 자유를 누리거나 혹은 상실했다는 것이 어떤 의미를 지니는 것인지를 이해하려면, 반드시 정치적 결사가 자유롭다는 것이 무엇을 의미하는지를 먼저 알아야 한다는 것이다.[76] 따라서 그들은 개인의 자유가 아니라, 밀턴이 '공동의 자유' 혹은 '자유 정부'[77]라고 불렀고, 해링턴은 '공화국의 자유'[78], 시드니가 후에 '국민들의 자유들'[79]이라고 불렀던 것에 초점을 맞추면서 논의를 시작한다. 니덤의 책 제목이 다시 한번 뚜렷하게 말해주듯이, 이 모든 저술가들을 이끌어가던 강렬한 열망은 '자유국가의 수월성'[80]을 옹호하는 것이었다.

왜 이 저술가들이 전체 공동체의 자유를 앞세웠는지를 이해하는 실마리는, 그들이 정치체body politic라는 고대의 메타포를 가능한 한 심각하게 다루었다는 사실을 인식하는 데 있다. 니덤은 『자유국가의 수월성』을 '자연적 육체들의 운동'과 정치체의 운동을 비교하는 것으로 시작한다. 그리고 반복해서 '인민의 조직체'와 '공화국의 전체 조직체'를 말한다.[81] 해링턴도 『오세아나』에서 이와 비슷하게 '인민의 전체 조직체'에 대해서 언급하고, 후에 『정치학의 체계』에서는 '정부의 형태는 인간의 이미지다'라고 말한다.[82]

이러한 전통적 수사를 가장 체계적으로 이용한 저술가는 네빌이었다. 그의 책 『다시 태어난 플라톤』은 세 개의 대화로 구성되어 있는데, 그 얼개가 바로 정치체에 대한 비유였다. 네빌은 세 명의 등장인물을 소개하는 것으로 책을 시작한다. 한 사람은 고상한 베네치아인인데, 그는 당시 가장 좋은 정치적 건강 상태를 구가하는 정치체의 구성원이다.[83] 그러나 그 자신은 최근에 육체적 병을 얻어 의학적 조언을 구하기 위해서 잉글랜드로 왔다.[84] 여기서 대화의 두번째 당사자가 등장한다. 그는 의사로서 베네치아인을 치료해준다. 그리고 드디어 대화의 세번째 당사자인 잉글랜드 신사가 등장하는데, 두 사람은 그에게 잉글랜드의 정치체를 괴롭히는 유사한 병에 대해서 묻는다. 잉글랜드 신사는 그들에게 잉글랜드는 최근에 너무나 큰 고통을 겪으며 붕괴하고 있어서 거의 소멸될 지경이라고 차분하게 설명해준다.[85] 그다음 대화의 나머지 부분은 잉글랜드 정치체의 건강을 회복시킬 수 있는 방안에

대한 그 신사의 생각을 들려준다.[86]

이 저술가들이 이러한 메타포를 이용하는 주된 방식은, 자연적 육체나 정치적 조직체 모두가 자유를 누릴 수도 있고 박탈당할 수도 있다는 것이 무엇을 의미하는지에 대해서 탐구하는 것이었다. 인간 개개인의 육체가 자신의 의지대로 무엇을 할 수 있거나 혹은 하지 않을 수 있을 때 비로소 자유로운 것처럼, 국민과 국가의 조직체도 마찬가지로 그것이 원하는 목표를 실현하기 위해 그 의지에 따라 권력을 행사하는 데 제약받지 않을 때 비로소 자유로운 것이라고 그들은 주장한다. 자유국가란 자유로운 인격체로서의 인간과 마찬가지로, 스스로를 지배할 수 있는 능력을 갖춘 국가라는 뜻이다.[87] 즉 자유국가란 정치체의 행위가 하나의 전체로서의 그 구성원들의 의지에 의해서 결정되는 공동체인 것이다.

마키아벨리의 『논고』가 이러한 생각을 불러일으키는 하나의 원천이었는데, 그 책의 도입부에 자유도시는 "그 자신의 의지에 의해서 지배되는 도시"[88]라고 규정되어 있다. 니덤은 바로 이 생각을 그의 『자유국가의 수월성』의 출발점으로 삼고 있다. 그는 자유로운 인민이라고 말할 때, 그것은 '그들 자신의 자유를 수호하는 사람들'[89]로서 행동하는 사람들을 의미한다고 선언한다. 그후 시드니도 『정부 논고』에서 개인의 자유에서 국가의 자유를 유추하는 방식을 좀더 직접적으로 사용해 다음과 같이 말한다.

프랑스에서는 일상적으로 '각자가 자신의 방식대로 봉사해야 한다'라는 말을 한다. 각자가 자기 뜻에 따라 일을 해야 한다는 것이다. 이 말이 특정 개인들에게 맞는 말이라면, 전체 국민들에게 더 명백하게 맞는 말이다.[90]

이러한 전제로부터 많은 헌정적 함의가 나왔고 신로마적 이론가들은 대부분 예외 없이 거기에 동의했다. 그 하나가 만약 어떤 국가 혹은 공화국을 자유국가 혹은 자유 공화국이라고 부르려면 그것을 지배하는 법—그 조직체의 운동을 규제하는 규칙—이 모든 시민들, 즉 하나의 전체로서 정치체 구성원들의 동의에 의해 만들어져야 한다는 것이다.[91] 왜냐하면 이렇게 법이 제정되지 않는다면 정치체는 그 자신의 의지가 아닌 다른 것에 의해 움직일 것이요, 그만큼 자유를 박탈당할 것이기 때문이다.

니덤은 무엇이 고대 로마인들을 자유로운 인민으로 만들었는지를 설명하는 과정에서 이 논의를 발전시킨다. 그들은 "실로 자유로웠는데 그 어떤 법도 먼저 인민의 민회가 동의하지 않으면 그들에게 부과할 수 없었기 때문이었다." 니덤은 "자의성을 막는 유일한 방법은 인민의 동의를 구하지 않고는 그 어떤 법도 지배도 가능하지 않게 하는 것"이라고 결론을 맺는다.[92] 해링턴은 같은 논점을 그만의 기발한 수사로 확대 발전시켰다. 그는 자유정부의 근본적 비밀은 케이크를 자르라는 요청을 받아본 소녀들이면 누구든지 다 알고 있다고 주장했다. 그는 다음과 같이 말한다.

아직 나누지 않은 케이크를 두 소녀에게 주어보라. 이때 각자가 적정한 몫을 갖기 위해서는 한 명이 다른 한 명에게 '네가 나눠라, 선택은 내가 할 테니까. 아니면 내가 나누고 네가 선택하든지'라고 말하면 된다. 각자가 여기에 일단 동의하면 그것으로 충분하다.[93]

시드니는 좀더 무겁게 그러나 같은 정신으로 자유국가를 '모든 권력을 자신 안에서 자신에 대해 가지고 있는 하나의 완전한 조직체'로 규정했다. 그에 따르면, 그 안에서는 모두가 "거기에 들어와 살 것인가 아니면 들어오지 않겠는가를 선택하는 자유를 평등하게 누린다." 그리하여 그 누구도 "전체가 허용하지 않는 한 다른 사람에 대해서 특권을 가질 수 없다."[94]

이러한 주장을 비판하는 사람들은 종종 정치체를 의지의 소유자로 보는 것은 명석판명하지 않고, 따라서 잠재적으로 위험한 형이상학적 발상이라고 비난하곤 한다.[95] 그러나 신로마적 이론가들은 자신들이 신비한 정신의 소유자가 아니라고 힘주어 강조한다. 그들이 인민의 의지에 대해서 말할 때, 그것이 의미하는 것은 각각의 개별적 시민 의지의 총합 그 이상이 아니라는 것이다. 해링턴이 말하듯, "인민은 부분으로 쪼개서 보면 수많은 사적 이해관계의 소유자에 불과하지만, 같이 모아놓고 보면 공적 이해관계의 소유자가 된다."[96] 그 이론가들은 결코 우리는 언제나—혹은 매우 빈번하게—이러한 의지나 이해관계가 하나의 결과물로 수렴되기를 기대할 수 있다고 가정할 만큼 순진한 사람들이 아니다. 오히려 그들은 우리가 인민의 의지에 대해서 말할 때 그것은 반드시 다수의 의지를 의미하는 것이라고 가정한다. 오스본은 냉소적으로 다음과 같이 우리를 설득한다.

> 인민은 그들의 의중과 판단을 다수의 투표를 통해 은연중에 고백할 만큼 온순하다. 그러면서도 그들의 상식에 어긋나는 법은 결코 통과시키지 않는다.[97]

또한 신로마적 이론가들은 '그렇다면 소수의 권리는 어떻게 해야 하는가' 하는 문제에 대해 이것이 전적으로 만족스러운 해결책이라고 선언하지도 않는다. 그들은 단순히 우리가 그렇게 하는 것처럼 인민의 정치체가 어떤 행위를 할 수 있게 하는 데 그것보다 더 나은 절차와 규칙은 없다고 주장할 뿐이다. 시드니가 설명하듯, 다수의 의지를 결론으로 간주하지 않으면 안 되는 이유는, 만약 모두가 "전체 정치체의 결정을 자신들이 싫다고 방해할 수 있는 권리"[98]를 견지한다면 정부 자체가 존재할 수 없기 때문이다.

정치체라는 메타포의 좀더 심오한 헌정적 함의는 자유국가의 정부는 이상적으로 각각의 개별적 시민들이 입법에 참여할 수 있는 평등한 권리를 보장해야 한다는 것이다. 왜냐하면 이것만이 모든 입법 행위가 하나의 전체로서 정치체의 모든 구성원의 명백한 동의를 적절하게 반영하고 있다는 것을 담보하기 때문이다. 니덤이 확신하듯이 인민이 '그 어떤 진정한 자유를' 누려야 한다고 한다면, 그들은 반드시 '법을 제정하고 폐지할 수 있는 권리를 소유해야 하며' 또한 '정당하게 최고 권위를 부여받아야 한다.'[99] 밀턴도 자유 인민이라고 한다면 '그 자신이 선택한 법에만'[100] 복종하면 된다고 동의한다. 시드니는 후에 "자유를 구가하는 국민이라고 한다면, 그들 자신이 만든 법에 의해서만 지배받아왔고 앞으로도 그렇게 할"[101] 국민을 말한다고 덧붙였다.

그러나 이렇게 자치 정부를 문자 그대로 규정한다면, 거의 풀 수 없는 몇몇 난제들이 야기된다는 사실이 지적되어왔다. 그 가운데 가장 명백한 것은, 해링턴도 언급하듯이, "인민의 전체체는 너무나 다루기 어려운 것이라서 어떤 목적으로 하나로 모으기 힘들다"[102]는 것이다.

토머스 모어는 하나의 해결책을 1516년 그의 『유토피아』에서 제시했는데, 당시는 자유국가라는 이상이 처음으로 잉글랜드에서 진지하게 그려지던 때였다. 모어는 진정한 국가는 하나의 연방 공화국이라는 헌정 체제를 취해야 한다고 제안하였다. 최근에 발견된 유토피아라는 섬에서 배워야 하는 첫번째 것은 그 시민들이 1년에 한 번씩 그들 가운데서 관리들을 선출해 운영하는 54개의 자치 도시들에서 살고 있다는 것이다.[103] 밀턴은 열성적으로 바로 이 제안을 그의 『자유 공화국을 수립할 수 있는 즉각적이고도 쉬운 방법』에서 받아들였다. 그는 "국토의 모든 주county가 일종의 하위 자치 법인체가 되어야 한다"[104]고 제안하며 끝맺고 있다. 그렇게 하면 "시민 정부의 모든 일을" 인민이 하나의 전체로

토머스 모어(1478~1535)가 쓴 『유토피아』 초판에 실린 목판화.

서 "자신들의 손으로 처리할 수 있고, 만일 일을 잘못 처리하면 바로 자신들이 비난받을 수밖에 없게 된다."[105]

그러나 여기서 다루는 저술가들 가운데 니덤이 말하는 "인민의 혼란스럽고 무분별한 조직체"가 정부에 그 어떤 방식으로든 직접적으로 참여해야 한다고 굳게 믿는 사람은 거의 없었다.[106] 밀턴마저도 대중은 '터무니없이 과격하고 극단적으로'[107] 변화되는 경향이 있다고 불만을 털어놓았다. 한편 네빌도 대중이 엄격한 자치 정부에 필요한 만큼 '공공사에 대한 관심이 진지하고 사려 깊고 신중'한[108] 것은 아니라고 단정했다. 시드니는 늘 그랬듯이 귀족적 거만함이 배인 어조로 다음과 같이 이러한 자세를 요약하고 있다.

그 말뜻 그대로의 민중 정부에 대해서 (즉, 순수한 민주주의 체제로서 인민들이 전적으로 자신들만으로 정부가 해야 할 일을 수행하는 것에 대해서는), 나는 그러한 것이 존재하는지 알지 못한다. 만약 그것이 이 세상에 존재한다 하더라도, 나는 그것을 위해 말해줄 그 어떤 것도 가지고 있지 않다.[109]

그들은 일반적으로 인민이 그들을 대신해 법을 만들도록 좀더 덕이 있고 사려 깊은 사람들을 선출해 전국적 회의체를 만들어 그것이 인민 대중의 대의 기관이 되게 하는 것이 이 문제에 대한 올바른 해결책이라는 데 동의한다.[110] 그러나 그들은 잉글랜드 공화국의 경우 이러한 목적에 가장 잘 부합하는 입법체의 유형이 어떤 것인가에 대해서는 날카롭게 대립했다. 어떤 사람들은 하원이 그 자체로서 적절한 대의 기관이라고 주장했다. 공화국이 수립되던 시기에 오스본, 니덤, 밀턴과 같은 저술가들이 열성적으로 그렇게 주장했다. 왕정과 상원을 폐지하는 입법을 했던 잔여 의회의 선전가로 고용된 이들의 의무는, 오스본이 말한 것처럼, "하원이 이제 전체 국민의 가장 공정하고 가장 자연스러우며 가장 비편파적 대의 기관"[111]이라고 주장하는 것이었다. 니덤은 이제 '하원의 인민들의 대표'가 '국민의 최고 권력을 행사한다'[112]는 데 동의했으며, 밀턴은 같은 메시지를 끊임없이 우레와 같이 퍼부었다. 그는 1660년에 이르러서도 변함없이 '일인자 혹은 상원이 없는 자유 공화국이 가장 좋은 정부이며' 따라서 잉글랜드에서는 하원만이 '인민과 그들의 자유의 진정한 대의 기관'이라고 선언하고 있다.[113]

해링턴은 이러한 주장이 소녀들과 케이크에 대한 이야기에 나타난 도덕을 무시했다는 이유 하나만으로도, 이에 자신이 경악하고 있음을 『오세아나』에서 명백히 한다.[114] 하나의 회의체로 지배하는 것은 숙고할 권리와 정책을 시행할 권리를 같은 수중에 쥐여주는 것이다. 그러나 그 소녀들이 잘 알고 있듯이, 같은 회의체가 나누고 또 고른다면 케이크 전부를 그들만 독식하려고 할 때 막을 방법이 없다. 따라서 별개의 두 회의체로 통치하는 것이 필수적이다. 하나는 숙고하고 다른 하나는 동의한 것을 시행해야 한다. 해링턴은 더 나아가 숙고를 맡은 회의체는 귀족들 가운데 선출된 상원의 형식을 취해야 한다고 믿었다. 그는 어느 정도 낙관적으로 "공화국의 지혜는 귀족에게서 나온다"[115]고 믿었기 때문이다. 그러나 정책을 시행하는 회의체는 인민의—혹은 그것보다는 오히려 그들이 선출한 대표들의—수중에 남아 있어야 한다. "공화국의 이익은 인민의 전체 조직체 안에 있기"[116] 때문이다.

1660년 왕정과 상원이 복원된 후, 해링턴의 견해가 널리 퍼졌고 심지어는 자유 공화국을 논한 신로마적 저술가들 가운데 가장 급진적인 사람들 사이에서도 설득력 있게 받아들여졌다는 사실은 놀라운 일이 아니다. 네빌도 종종 그래왔듯이 해링턴을 따라 양원제를 지지했다. 그리고 상원은 하원이 선출해야 한다고 덧붙였다.[117] 백작의 혜택 받은 아들이 분명한[118] 시드니는 좀더 강한 어조로 군주의 절대주의와 대중의 과격함을 순화시킬 수 있는 "위대하고 용기 있는 귀족"의 필요성을 강변한다.[119] 이후 혼합 균형 정부라는 이상이 이른바 18세기 공화국인들의 주장의 핵심이 되었으며, 마침내 미국의 헌법안으로—왕정적 요소가 대통령제적 요소로 전환된 채—성문화되었다.

이제 시민적 자유에 대한 신로마적 이론가들의 또하나의 논의를 검토해보자. 이 후속 주장은 그들이 시민들의 의지가 아니라 전체로서의 공동체가 아닌 어떤 사람에 의해서 지배되는 국가에 대한 논의를 시작하면서 곧바로 나타난다. 그러한 국가를 말하면서 그들은 다시 한번 자연적 육체와 정치체의 유추를 얼마나 심각하게 사용하고 있는지를 보여준다. 신로마적 이론가들은 개인적 인격체나 정치체가 자유를 상실했다고 할 때 의미하는 것은 다 똑같다고 주장한다. 그리고 그들은 계속해서—자신들이 고전에 충실하게 의존하고 있음을 밝히면서[120]—개인적 인격체가 자유의 상실로 고통받는다는 것은 곧 그 사람이 노예가 되었다는 것을 의미한다고 주장한다. 따라서 국민 혹은 국가가 그 자유를 누리거나 혹은 상실했다는 것이 의미하는 바는 전적으로 노예 상태 혹은 종속 상태로 떨어졌다는 것이 무엇을 의미하는지에 대한 논의의 형식으로 분석된다.[121]

다시 한번 명백하게 마키아벨리의 『논고』가 이러한 계열의 사고에 영감을 불어넣었다. 그 책의 도입부 대부분은 "그들의 삶을 자유롭게 시작한"[122] 도시들과 "기원에 있어서 자유롭지 못한"[123] 도시들을 구분하는 데 집중하고 있다. 그러면서 마키아벨리는 후자의 도시를 예속 상태에서 살아가고 있다고 기술했다.[124] 존 홀은 이러한 분석을 그대로 따라 '좋은 법과 자유의 확대를 가져다준' 고대 로마의 성취와 '야수적 종속 상태 안에서 비참하게 살아가는' 그리고 '노예처럼' 살아가는 수많은 근대의 왕국들의 곤경을 비교한다.[125] 밀턴도 이와 똑같은 비교를 『쉬운 방법』의 서두에서 하고 있다. 그 책은 마키아벨리의 『논고』에 대한 밀턴의 연구 성과를 가장 잘 보여주는 책이다.[126] 그는 '굴종 상태로 돌아가려는 이 유해한 기질'에 대해 탄식하면서 논의를 시작한다. 그리고 왕정 아래 놓인 정치체는 '법적 굴종'과 노예제의 굴레 아래서 '진저리나는 예속 신분'으로 살아가야 한다고 주장을 이어간다.[127] 시드니도 바로 똑같은 방식으로 『정부 논고』를 시작한다. '자유 국민'과 '노예 상태에서 살아가는' 국민을 근본적으로 구분하면서 책 전체에 걸쳐 양자를 대조하고 있다.[128]

이 저술가들이 노예제에 대해 말할 때, 그들은 주로 로마의 도덕주의자들과 역사가들의 권위에 의존했다. 그러나 이들의 노예제에 대한 견해는 거의 전적으로 로마법 『학설집*Digest*』에서 성문화된 로마의 법적 전통에서 나온 것이었다. 따라서 일반적으로 사용되는 개념과 구분의 원래 뜻을 알기 위해서는 『학설집』을 직접 살펴보아야 한다.[129]

노예제의 개념은 『학설집』의 "인간의 지위*De statu bomnis*"에서 처음으로 언급된다. 거기서 인신에 대한 법의 가장 근본적 구분은 자유로운 인간들과 노예인 인간들 사이의 구분임을 알 수 있다.[130] 『학설집』에서 자유의 개념은 언제나 노예 상태와의 대조를 통해 규정되고 있다.[131] 그런데 노예의 곤경은 "자연에 반해 다른 인간의 재산이 되어버린 그 어떤 인간"의 그것이라고 규정하고 있다.[132]

여기서 '노예는 왜 자유롭지 못한가'라고 물으면, 그들의 자유의 결핍은 물리적 힘 혹은 그것의 협박에 의해 강제로 행동할 수밖에 없다는 사실에서 기인한다는 답을 들을 것이다. 그러나 자유와 노예 상태의 구분에 대한 로마인들의 토론에서 노예제의 본질은 이것이 아니라는 점이 눈길을 끈다. 물론 노예는 타인의 재산으로서 자신을 소유한 인간에 의해서 언제나 직접적으로 억압받을 수 있다는 점은 인정된다.[133] 그러나 로마의 희극에서 가장 자주 회자되는 아이러니 가운데 하나는 주인과 노예의 관계의 역전에, 특히 부유한 노예가 그의 예종 상태의 연루에서 벗어날 수 있는 능력에 초점을 맞추고 있다.[134] 플라우투스의 『모스텔라리아』에 나오는 트라니오Tranio라는 담대한 인물이 이 주제의 가장 기억할 만한 예를 제공하고 있다. 그의 주인이 자비롭고 보통 자리를 비운다는 사실에 기대어, 트라니오는 자신이 어떤 직접적인 억압의 고통도 받은 적이 없다고 자랑할 수 있었다.[135]

그렇다면 그 노예는 어떤 의미에서 자유롭지 않다는 것인가? 『학설집』의 "인간의 지위"편 바로 다음의 "직함titulus"편은 다음과 같은 점을 명백히 하고 있다. 즉 예종 상태의 본질을 이해하려면 인신의 법 안에서 좀더 상세한 구분을 주목해야 한다. 그것은 자신의 관할권 혹은 권리에서 자주권자sui iuris인 인간과 그렇지 않은 인간 사이의 구분이다.[136] 노예는—로마 시민의 자식들은 다른 예인데[137]—그 자유의 결핍이 "타인의 관할권에 종속되어 있고"[138] 따라서 결과적으로 타인의 '권력 안에'[139] 있다는 사실에서 기인하는 인간의 한 예다.

이것은 노예들이 강제적 억압 상태에서 그럭저럭 벗어날 수 있었다는 표면적인 역설을 해결해준다.[140] 그러한 노예들이 실제로 자신들의 의지대로 행동할 수 있었다고 해도, 그들은 언제나 주인의 너그러운 처분 안에서만 그렇게 할 수 있었던 것이다.[141] 따라서 그들은 언제든지 죽을 수 있었고 폭행을 당할 수도 있었다. 이러한 사실은 트라니오와 같은 인물도 알고 있어야만 했던 것이다.[142] '노예'라는 것이, 즉 인신의 자유를 결핍하고 있다는 것이 무엇을 의미하는지의 본질은 이와 같이 타인의 처분권 안에 있다는 것이다.[143]

로마의 도덕주의자들이나 역사가들은 이러한 법적 해설에 많이 의존하면서,[144] 한편으로는 노예제를 어떤 사람이 언제나 위해를 당할 수 있고 처벌 받을 수 있는 역겨운obnoxius 조건에 처해 있는 것이라는 사실을 덧붙인다. 비록 '역겨운'이라는 단어가 『학설집』에 어느 정도 빈번히 나타나지만, 법률가들은 그 단어를 거의 대부분 법적 책무를 지니고 있는 조건을 가리킬 때만 사용했다.[145] 그러나 도덕주의자와 역사가 가운데는 그 용어를 좀더 넓게 사용해, 다른 사람의 의지에—혹은 앞서 말한 바대로, 선의에—의지해야 하는 사람이라면 누구나 처할 수 있는 곤경을 기술하는 데 사용하는 사람들이 있었다.[146] 예를 들어 살루스티우스는 『카탈리나 전쟁』에서, "우리 공화국이 몇몇 강력한 인사들의 지배와 통제 아래 놓이게 된 이래, 그 나머지 시민들은 그들에게 예종된 역겨운 상태에서 살아가고 있다"고 불만을 토로했다.[147] 여기에 덧붙여 그는 그러한 조건하에서 살아가는 것은 시민적 자유를 상실한 것과 같은 것이라고 주장했다.[148] 세네카도 마찬가지로 『선행론』에서 노예제를 어떤 사람들의 육체가 "그들이 예속되어 있는 주인의 처분에 맡겨져 있는 '역겨운' 상태"로 규정했다.[149] 또한 타키투스는 빈번히 '역겨운'이라는 단어를 위해에 노출되어 있거나 혹은 다른 사람의 처분에 따라 살아가는 사람들을 표현할 때 사용했다.[150] 물론 자유를 박탈당한 사람들이 종속 상태에서 고통받을 때에도 그 단어를 사용했다.[151]

바로 이러한 노예제에 대한 분석은 신로마적 저술가들이 시민적 결사체가 자유를 향유 혹은 상실하는 것이 무엇을 의미하는지를 진술할 때 그 기초가 되었다. 이러한 자유국가에 대한 견해를 근대 초 유럽인들에게 전해준 가장 중요한 통로는 아마도 리비우스의 『로마사』였을 것이다.[152] 그는 로마 인민들이 어떻게 초기 왕들로부터 해방되어 자유국가를 수립할 수 있었는지를 기술하는 데 도입부에 해당하는 책들의[153] 대부분을 할애하고 있다.[154] 리비우스는 자유국가란 매년 관리를 선출하고[155] 또한 법의 지배에 모든 시민들이 평등하게 복종하는[156] 국가라고 설명한다. 그러므로 그러한 국가는 자치 공동체라고 규정될 수 있는데, 그 안에서는—신로마적 저술가들이 많이 인용하는 리비우스의 언급처럼—'법의 지배권imperium이 그 어떤 인간의 지배권보다 훨씬 더 크다.'[157] 이것이 의미하는 바는 폭정뿐만 아니라 모든 형태의 왕정도 공공의 자유와는 양립할 수 없다는 것이다. 리비우스는 책의 도입부 권들에서 줄곧 로마의 초기 왕들의 지배와, 로마 인민들이 마침내 마지막 왕 타르퀴누스를 축출하고 쟁취한 자유를 비교한다.[158]

반대로 리비우스가 자유국가가 그 자유를 상실할 때의 기제에 대해서 말할 때에는, 언제나 그 위험성을 노예 상태로의 전락 가능성과 일치시키고 있다.[159] 그 책의 도입부 권들은 표준적인 법률 용어를 사용해 공적인 예종 상태를 설명하면서, 자유가 없는 공동체는 다른 국민 혹은 국가의 처분대로 혹은 지배 아래에서 사는 것이라고 기술하고 있다.[160] 그러나 그 책의 후반부 권들에서 그는 종종 이전과는 다른 언급을 한다. 그는 공적인 예종 상태의 지표를 다른 국민 혹은 국가의 의지에 종속된 상태에서 사는 것이라고 기술하는데, 그것은 근대 초 신로마적 저술가들에게 큰 반향을 불러일으켰다.[161] 그 가장 극명한 예가 그리스의 도시들이 로마와의 선린 관계를 복원하려는 노력들을 회상하는 부분에 나타난다. 거기서 그리스 도시들의 대표자는 반드시 수행해야 할 정책은 자유를, 즉 "다른 그 누구의 의지에도 의지하지 않고 그 자신의 힘에 의한 방법으로 바로 설 수 있는"[162] 능력을 전제로 해야 한다고 말하고 있는 것이다.

제임스 해링턴이 『오세아나』에서 언명하듯이, 바로 이러한 자유에 대한 고대의 설명을 마키아벨리가 리비우스에서 찾아내어 근대 세계에 전해주었다.[163] 리비우스와 마키아벨리는 살루스티우스와 함께 여기서 다루는 저술가들의 가장 위대한 영웅이었다. 해링턴은 마키아벨리를 '최근 하나뿐인 정치가'라고 찬양했으며,[164] 네빌은 더 나아가 마키아벨리를 타의 추종을 불허하는, 신성하기까지 한 인물이라고 말했다.[165]

이러한 사상가들의 권위에 의존해, 신로마적 저술가들은 공적인 노예 상태에 이르는 두 가지 다른 길에 대해 논의했다. 먼저 그들은 정치체도 자연적 육체와 같이, 그것이 선택한 목적을 추구하면서 그 의지대로 행동할 수 있는 능력을 강요에 의해서건 혹은 강제에 의해서건 박탈당했을 때 당연히 부자유스러운 상태가 된다고 생각했다. 더 나아가 그들은 자유로운 인민들에 대해서 그러한 힘을 행사하는 것이 바로 폭정의 지표라고 규정했다.[166] 이러한 사실은 왜 1642년 찰스 1세가 자행한 하원의원 다섯 명에 대한 의도적인 체포가 잉글랜드 혁명에 대한 휘그적 해석의 지지자들이 매콜리가 표현한 대로 '찰스 1세의 생애 가운데 가장 치명적인 결단'이었으며, 그 결과 그에 대한 반항이 '결코 막을 수 없는 것이 되어버렸다고 보았는지를 설명해준다.[167] 밀턴은 각별히 이 사건을 『성상파괴』에서 하나의 독립된 무대로 설정했다.[168] 왕이 '300여 명의 불한당들을' 대동하고 의회로 침입했을 때, 그는 국민의 대표체가 국가의 일에 대해 숙고하는 기본적 의무를 방해하려 했던 것이다.[169] 다른 말로 하면, 그는 정치체의 의지 대신 자신의 의지대로 국가의 행동을 결정하려 했던 것이며, 그렇게 해서 전체 의회의 명예와 자유를 침탈한 것이었다.[170] 밀턴은 후에 '19개 조항'에 대한 논의 과정에서 이와 같은 도덕적 입장을 명백히 한다.

만약 우리들의 최종 협의와 입법이 왕의 의지로 결정되어야 한다면,

왕당파와 의회파의 대립을 풍자한 17세기 목판화.

한 사람의 의지가 법이 될 것이다. 그리고 의회에서 아무리 정교한 논의를 한다 해도 그것이 의회와 국민을 노예 상태에서 구원하지는 못할 것이다. 그 어떤 폭군도 그의 의지 혹은 이성이 모든 것을 결정하는 것 그 이상을 원하지는 않을 것이다. 비록 거기에 만족하지는 않을 것이지만…….[171]

정당한 이유 없이 힘을 사용하는 것은 언제나 공적 자유를 붕괴시키는 한 방법이다.

그러나 이 저술가들은 국가 혹은 국민이 하나의 전체로서 정치체의 대표자가 아닌 그 어떤 사람들의 의지에 따라 행동하도록 종속된다거나 혹은 그럴 의무가 있다면 그것은 자유를 상실한 것이라고 줄기차게 주장했다. 그러한 공동체는 실제로는 폭군에 의해 지배당하는 것이 아닐 수도 있다. 즉 그 지배자는 법치에 따르는 것을 선택할 수도 있다. 그래서 정치체가 실제로는 그 헌정적 권리를 박탈당하지 않을 수도 있다. 그럼에도 불구하고, 그러한 국가는 행동을 취할 수 있는 능력이 그 시민들의 정치체가 아닌, 그 어떤 인간의 의지에 어쨌든 의지해 있기 때문에 노예 상태에 있다고 할 수 있다는 것이다.

이러한 두번째 형태의 공적 노예 상태에 빠질 수 있는 두 가지 길이 있다. 하나는 정치체가 식민화 혹은 정복의 결과로 다른 국가의 의지에 종속되었을 때이다. 이것은 여기서 다루고 있는 저술가들이 큰 관심을 가졌던 문제가 아니었다. 그러나 후에 18세기 아메리카 식민지인들의 옹호자들이 이것을 매우 중요하게 다루었다. 13개 식민지 편에서 항거했던 결정적인 행동들이 독립 선언의 형태를 취했다는 사실은 언제나 충분하게 강조되지는 않았다. 즉 그것은 영국 왕에 대한 종속 상태—따라서 노예 상태라고 할 수 있는 상태—의 종식을 선언한 것이었다는 사실이 강조되어야 한다. 이렇듯 아메리카 식민지들이 노예 상태에 있다는 주장은 리처드 프라이스가 그 누구도 보여주지 못했던 용기로 1778년에 쓴 『시민적 자유에 대한 두 논고』에서 펼쳐졌다. 프라이스는 "자신의 목소리가 반영되지 않고 자신들이 조정할 수도 없는 다른 나라의 입법 행위에 종속되어 있는 나라는 그 자신의 의지대로 통치되고 있다고 할 수 없으며 따라서 그러한 나라는 노예 상태에 처해 있는 것"이라고 선언했다.[172] 이것은 후에 프라이스가 설명하는 것처럼 "자유 정부는 그 어떤 우월한 세력에 의해 명령을 받아야 하거나 혹은 그것으로 교체되는 그 순간부터 그 본래의 모습을 상실한다"는 사실에서 비롯된다.[173]

이러한 형태의 공적 노예 상태에 이르는 또하나의 길은 국가의 내부 헌정이 그 지배자들에게 대권 혹은 특권의 행사를 허용하는 것이다. 이것은 여기서 다루는 저술가들이 찰스 1세를 폭군이라고 단정하면서 그 근거로 의회가 그에게 시행하라고 입법한 것에 대해 '반대 발언' 혹은 최종적 거부권을 행사하려 했던 것을 강조한 이유를 설명해준다. 오스본이 표현한 것처럼, 그들은 대부분 "그러한 권력이 존재한다는 것 자체가 자유의 본질 그 자체를 파괴하는 것"[174]이라는 주장에 동의했다. 그러나 밀턴은 『성상파괴』에서 이보다 더 나아갔다. 그는 고전의 독서를 통해 왜 대권이 언제나 자유로운 국민을 노예의 지위로 전락시키는지에 대해서 좀 더 정연하게 설명하고 있다.

밀턴은 '19개 조항'과 찰스 1세의 이에 대한 응답을 논의하는 과정에서 그의 기본적 원리를 다음과 같이 진술하고 있다.

모든 국가 공동체는 그 복지와 편리한 생활에 공헌하는 모든 것들이 자체적으로 충분한 사회로 규정된다. 어떤 한 사람의 호의와 기증, 혹은 그의 사적 이성의 허락, 혹은 그의 양심이 없으면 가질 수 없는 그 어떤 것이라도 필요로 한다면 그것은 그 자체로 충분한 것이라고 할 수 없고, 결과적으로 국가 공동체라고 할 수 없으며 자유롭다고 할 수도 없다.[175]

밀턴은 계속해서 잉글랜드라는 국가 공동체에는 무엇이 그 복지에 공헌하는지를 결정할 수 있는 권력이 "선거에 의해 구성되고 자유로운 국민이 전권을 위임한 전체 의회의 공동의 목소리와 권능에 있다"고 주장한다.[176] 그러나 의회의 결정이 '언제든지 한 사람의 유일한 판단에 의해 거부'될 수 있다면, 국민은 자유 안에서 살고 있다고 말할 수 없다는 것이다.[177] 왕의 거부권이라는 제도가 의회의 독립을 뺏어가는 것은 왕의 의지에 의회를 종속시키고 의존하게 만들기 때문이다.

왕에게 거부권을 허용해보라. 그러면 의회는 왕이 반대 발언권이라는 올가미를 함께 잡아당기려고 할 때, 전체 국민을 질식시킬 또하나의 올가미 안에서 자유를 규정해놓는 것이나 진배없이 자유를 잃는 것이다.[178]

공적 자유라는 이름으로, 밀턴은 왕이 거부권을 행사하는 것에 반대하는 것이 아니라, 거부권이라는 것이 존재하고 있다는 사실 바로 그 자체를 반대하고 있다는 것을 상기하는 것이 중요하다. 그러한 헌정 제도 아래에서 산다는 것은 정치체가 의회 안에서 대표되는 국민의 의지가 아닌 다른 의지에 의해 행동할 수 있는 위험에 빠지기 쉬운 상태로 산다는 것이다. 그러나 어떤 육체가 그 자신의 의지가 아닌 다른 의지에 종속된다는 것은, 바로 그 육체가 노예 상태에 놓인다는 것이다. 그것이 의미하는 바는 네빌의 『다시 태어난 플라톤』에 등장하는 고상한 베네치아인이라는 인물의 말을 통해 좀더 극명하게 드러난다.

나는 의회의 결정에 대한 왕의 반대 발언권에 대해 많이들 얘기하는 것을 들은 적이 있습니다. 내 의견으로는, 그것은 왕이 원하면 그의 인민들의 모든 노력과 노동을 좌절시키고 의회를 조직할 권리를 가짐으로써 왕국에 가져다줄 수 있는 그 어떤 이익의 창출도 방해하는 것과 마찬가지인 큰 권력입니다. 왜냐하면 베네치아에 사는 우리가 그러한 그 어떤 대권이라도 우리의 국가 수반Doge에게, 혹은 우리의 고위 관리 그 누구에게라도 부여했다면, 우리가 우리 자신을 자유로운 인민이라고 부를 수 없었다는 것은 확실하니까요.[179]

다시 한번, 공적 자유를 파괴하는 것은 그러한 대권의 행사가 아니라 그러한 대권이 존재한다는 사실 그 자체라고 주장하는 것이다.

이러한 현실적 문제에 대한 집착 때문에 여기서 다루는 저술가들은 왕정이 과연 공적 자유와 진실로 양립할 수 있는가 하는 질문을 회피할 수 없었다. 이 문제에 직면했을 때, 그들은 서로 너무나 대조적인 두 가지 반응을 보였다. 어떤 저술가들은 정치체라는 기본적인 전제에 밀착해, 그러한 하나의 육체가 머리 없이 효과적으로 작동한다는 것은 절대로 불가능하다고 주장했다.[180] 물론 그들은 그 머리가 하나의 전체로서 육체가 동의하고 입법한 그 어떤 법에도 순종해야 한다는 것이 극히 중요하다는 사실은 받아들였다. 메타포를 해독해서 설명하면, 국가의 수장은 국가의 몸통인 국민들을 수장 자신의 개인적 의지 혹은 군주직의 대권에 종속되는 상태로 이끌 수 있는 그 어떤 권력도 가지고 있으면 안 된다는 사실이 매우 중요하다는 것이다. 그러나 이러한 안전장치가 마련되는 한에서, 여기서 다루는 많은 저술가들이 귀족제적 상원과 민주주의적 하원이 하나의 전체로서 시민을 대표하면서 군주제적 요소도 함께 존재하는 혼합 정부 체제를 매우 긍정적으로 선호하였다.[181] 따라서 그들은 마키아벨리가 『논고』에서 일찍이 표현했듯이, 공동체는 공화국이건 왕국이건 간에 그 어느 체제 아래에서도 자치적 공동체가 될 수 있다는 생각이 역설이라고 보지 않았다.[182] 적어도 원리상으로는 군주가 자유국가의 지배자가 될 수 있었다.[183]

반대로 잉글랜드 공화국의 가장 선명한 지지자들은 리비우스가 처음으로 그의 역사의 첫 부분에서 펼친 주장에 의존했다. 즉, 왕 밑에서 사는 그 어떤 공동체도 자유국가라고 간주되는 그 어떤 명칭도 가질 수 없다는 것이다.[184] 이러한 주장은 하급의 저술가들이 잔여의회를 옹호할 때 가장 강력한 확신에 차서―혹은 아마 가장 정교화되지 않은 채—펼쳐졌다. 예를 들어, 존 홀은 왕정은 '실로 정부의 질병'이라고 선언했다. 또한 인민이 왕 밑에서 산다는 것은 '위험한 노예제' 아래서 사는 것보다 나을 것이 전혀 없다는 것이다.[185] 프랜시스 오스본은 모든 군주들은 '권력을 쥔 괴물들'이며 '일반적으로 악하다'는 데 동의했다.

따라서 엘리자베스여왕마저도 폭군이었다는 것이다.[186] 사정이 이러해서, 홀은 생각이 있는 사람이라면 어떻게 찰스 1세를 지지할 수 있는지 의아해했다고 다음과 같이 고백한다.

나를 가장 혼란스럽게 했던 것은, 이 영웅적이고 개명한 시대에 자유라는 사상에 고무되기는커녕 거꾸로 바보처럼 그들의 지혜와 무기를 자신들을 노예로 삼고 있는 사람들을 위해, 자신들을 위해하는 데 사용하는 사람들을 보는 것이었다.[187]

그들이 왕정에 대해 반대하는 특정 이유 가운데는 오스본이 주장하듯, 왕들은 자기 주위를 '아첨배 성직자와 궁정 관리들'로 감싸게 하는데, 이 아첨배들의 '권력과 재산권'은 '전적으로 왕에게 의존해 있고, 또한 일반적으로 사악하고 부패한 영향력을 행사한다는 불만도 있다.[188] 그러나 오스본이 덧붙이듯이, 주된 이유는 왕들은 언제나 변함없이 '그들 자신의 자의적인 권력의 확충만을' 추구한다는 것이었다.[189] 그 어떤 왕이라도 언제나 약탈적이고 불성실한 존재로 드러나게 돼 있고, 또한 '신민들의 신성한 불

입권을 깨고 들어오는 왕을 묶을 만큼 강력한 밧줄을 만들 수는 없다'는 것이다.[190]

그러므로 공화국의 자치적 형태야말로 공적 자유가 적절하게 유지될 수 있는 유일한 헌정 형태라고 그들은 결론을 내린다. 따라서 오스본은 그의 동료 시민들에게 '자유인이라는 그들의 자연적인 형태를 견지하고' '왕의 무거운 압박 아래 주저앉아 있지' 말라고 강력히 권고한다.[191] 홀도 이와 마찬가지로, '인민들이 그들과 같은 관심과 이해관계를 가지고 있는 많은 개인들과 함께 처신할 때 더 행복하다고' 주장한다. 그들에게 생각해서는 안 될 대안은 그들이 '한 사람이 거느리는 무리 가운데 하나로 그리고 그 사람의 상속 재산으로 여겨지며, 그 사람의 욕심과 광기에 절대적으로 종속되는 것'이다.[192] 이 저술가들은 자신들을 명백한 공화주의자라고 생각했을 뿐만 아니라, 공화국만이 자유국가가 될 수 있다는 것은 논의의 여지가 없다고 단호하게 선포했던 것이다.[193]

자유국가와 개인적 자유

자유국가에 대한 신로마적 이론은 근대 초기 잉글랜드에서 매우 파괴적인, 체제전복적인 이데올로기가 되었다. 여기서 다루는 이론가들이 구사한 전략은 자유라는 최고의 도덕적 가치를 전유하고 그것을 전적으로 대의 정부의 특정한 급진적 형태에 적용시키는 것이었다. 그리하여 그들은 당시에 정당성이 있고 심지어는 진보적인 정부라고 폭넓게 인정받던 많은 정부들―예를 들어 프랑스의 구체제 정부와 북아메리카를 지배하던 영국 정부와 같은 정부들―에 대해 노예제라는 오명을 씌워 비난하기에 이르렀다. 따라서 이 책에서 다루는 시기 내내, 신로마적 이론은 신랄하고 적대적인 비판의 포화에 줄곧 노출되어 있었다.

이러한 비판 가운데 가장 포괄적인 것이 아마도 가장 영향력이 강했던 형식으로 홉스의 『리바이어던』에 표현되었다. 홉스는 자유국가의 수립과 개인적 자유의 유지 사이에 그 어떤 연관이라도 있을 것이라고 가정하는 것은 단순한 혼동에 불과하다고 주장한다. 로마의 저술가들과 근대의 그 추종자들이 하나같이 기술한자유는 '특정 개인의 자유가 아니라' 오로지 '국가의 자유였다'는 것이다.[194]

홉스의 반박을 필머가 즉각적으로 이어받았고[195] 이후에도 계속 반복되었다.[196] 여기서 다루고 있는 이론가들이 관심을 가졌던 것은 국가의 자유였지 개별적 시민들의 자유는 아니었다고 사람들은 말한다.[197] 그러나 이러한 주장은 자유에 대한 신로마적 이론의 구조를 파악하지 못하고 있는 것이다. 이 저술가들이 자유국가라는 관념을 논의의 출발점으로 삼고 있는 것은 사실이지만, 그 이유는 부분적으로 개인적 자유의 개념을 좀더 발전시켜 어떤 급진적 주장을 펼치기 위해서였다. 그들의 주장은—그 비판에 대해 가능한 한 퉁명스럽게 말한다면—자유국가 안에서만 개인들은 자유로울 수 있다는 것이다.

사람들이 자유국가의 시민으로서 살아가기를 원했던 원래 주된 이유는 그것이 아니었다는 것은 사실이다. 이 시점에서, 이 책에서 말하려는 사상의 전통 안에서 의견이 갈라졌던 중요한 전기에 대해서 주목할 필요가 강하게 제기된다. 고대 로마의 저술가들과 르네상스시대 그들의 추종자들에 따르면, 자유국가에서 산다는 것이 가져다주는 가장 중요한 혜택은 그러한 공동체가 영광과 위대함을 성취하는 데 각별히 적합하다는 것이다. 고대 저술가들 가운데, 살루스티우스가 이러한 주장의 주창자라는 사실은 오늘날까지 재론의 여지가 없다.[198] 살루스티우스의 『카틸리나 전쟁』은 로마가 등장하게 되는 과정에 대한 간략한 역사로 시작되는데, 거기서 "왕의 권위는 처음에는 자유를 보전하고 국가를 확대하기 위해 제도화되었는데 왕의 오만과 폭정으로 인해 나락으로 떨어지게 되었다"는 것을 알 수 있다.[199] 이러한 위기에 직면해, 로마 인민들은 왕을 1년 임기의 관리 체제로 대체했고, 그후 "도시가 일단 자유의 지위를 얻은 다음 얼마나 빨리 진보하고 확대되어 갔는지를 회상해보면 믿기 어려울 정도가 되었다"고 한다.[200] 살루스티우스는 그 이유가 '왕에게 선량한 시민들은 악한 자들보다 더 의심의 대상이 되었고 다른 사람들의 덕virtue은 언제나 불안의 대상이었던 반면, 자유로운 체제의 정부하에서는 모든 사람이 겉에 보이는 위협에 대해 한 치의 두려움도 없이 영광을 위해 투쟁했기 때문'이라고 설명한다.[201]

살루스티우스의 감정은 마키아벨리의 『논고』 제2권 서두에서 그대로 메아리치고 있다.[202] "로마가 자신을 그 왕들에게서 해방시킨 후에 얼마나 위대해졌는지를 생각하면, 그것은 무엇보다도 가장 경이로운 일이다." 마키아벨리는 계속해서 다음과 같이 말한다. "그 이유를 이해하는 것은 쉬운 일이다. 왜냐하면 도시를 위대하게 하는 것은 개인적 이익이 아니라 공동선의 추구이기 때문이다. 또한 공동선은 오로지 공화국 안에서만 추구된다는 것은 의심의 여지가 없기 때문이다. 군주가 존재하는 곳에는 그 반대 현상이 나타난다. 왜냐하면 대부분의 경우 군주에게 이로운 것은 도시에는 해가 되고, 도시에 이로운 것은 군주에게 해를 끼치기 때문이다."[203]

1650년대 내내 잉글랜드에서 많은 신로마적 저술가들이 같은 생각을 토로했다. 해링턴이 말한 '확대될 수 있는 역량을 갖춘' 공화국이라는 이상은 살루스티우스의 논의를 암시하고 있다.[204] 반면 니덤은『자유국가의 수월성』서론에서 공화주의적 영광과 위대함에 관한 논의의 전거를 마련해준 두 명의 지도적 인물에 대해서 직접적으로 언급하고 있다. 먼저 그는 "로마 공화국이 자유를 성취한 후 짧은 기간 내에 얼마나 거대하게 확대되어갔는지 들으면 믿어지지 않는다"는 살루스티우스의 언명을 상기시킨다. 그다음 그는 마키아벨리가 왜 공화국이 왕국보다 영광의 정점에 오르는 데 더 잘 적응할 수 있는가를 설명한 대목을 자기 나름대로 해석하고 있다.

로마인들은 왕들과 그들의 정부를 축출한 후 상상을 초월할 수준에까지 이르렀다. 그것은 특별한 이유가 없다면 일어날 수 없는 일이었다. 일상적으로 자유국가에서는 특수한 이익보다 공적인 것이 더 큰 배려의 대상이 되기 때문이다. 반면 왕국에서는 그 반대 현상이 일어난다. 왜냐하면 왕국에서는 군주의 즐거움이 공동선에 대한 모든 고려보다 우선시되기 때문이다. 그리하여 국민은 공화국의 광채가 사라지자마자 즉각 그 자유를 잃고 한 사람의 폭군의 굴레에 굴종하고 마는 것이다.[205]

비록 니덤이 『논고』를 언급하고 있지는 않지만, 그의 논의에서 이 대목보다 더 마키아벨리의 영향이 명백히 드러나는 곳은 없다.

그러나 이처럼 고전적 저술가들에게 충실히 의존하고 있음에도 불구하고, 니덤과 그 동시대인들이 영광의 윤리와 정치적 위대성의 추구에 대해 점점 더 의심을 갖는 것이 목격된다. 바로 이 시점에서 그들에게 영향을 준 전거는 다시 한번 살루스티우스의 『카틸리나 전쟁』이었다. 비록 살루스티우스가 로마가 왕들을 축출한 후 '확대'되어간 것을 찬양하고 있지만, 그가 로마 공화국의 역사를 개략적으로 훑어본 후 내린 도덕적 결론은 기대 이상으로 우울하고 아이러니한 것이었다. 살루스티우스는 위대함과 함께 로마 지도자들의 권력 추구를 위한 야망과 욕망이 따라왔으며, 권력이 커짐에 따라 탐욕과 더 잔혹한 승리의 약탈에 대한 만족할 줄 모르는 욕구도 커졌다고 개탄한다. 그 이야기의 악당은 바로 술라Lucius Sulla였다. 그는 위험할 정도로 많은 군인을 동원했으며 그들에게 아시아의 호화스러운 전리품을 탐내게 했고, 그들을 이용해 로마 국가를 장악했다. "그렇게 해서 정말 좋게 시작된 모든 것을 나쁜 종말로 이끌어갔던 것이다."[206]

공위시대(잉글랜드 혁명 시대) 신로마적 저술가들 가운데는 올리버 크롬웰을 살루스티우스가 그리는 술라와 어렵지 않게 동일시하는 사람들이 있었다. 특히 크롬웰이 스코틀랜드와 아일랜드를 정복한 후, 1653년 잔여 의회를 해산하려고 무력을 사용한 것을 그렇게 보았다.[207] 해링턴은 술라가 로마의 '인민과 공화국을 전복시키고' 그럼으로써 '이후 전개되는 군주정의 기초를' 닦았다고 하면서 명백한 경고를 보내고 있다.[208] 외부로의 확장을 통한 영광의 추구가 국내의 자유를 붕괴시킬 수 있다는 두려움이 커가면서, 해링턴과 그 동료들은 크롬웰의 호국경 체제를 격렬히 비판했다. 동시에 그들은 공화국 체제만의 각별한 장점에 대해 다른 식으로 생각하기에 이르렀다. 그들은 영광과 위대함을 성취할 수 있는 자유국가의 능력을 찬양하기보다는, 시민들의 자유를 보존하고 증진시킬 수 있는 공화국 체제의 역량을 주로 강조하기 시작했다.[209]

이것은 고대와 르네상스 시대의 저술들에서도 늘 따라다니던 주제였다.[210] 자유국가에서 사는 것의 공통된 혜택은 "자신의 소유물을 자유로이 그리고 아무런 두려움도 없이 구가할 수 있는 것"이라고 마키아벨리는 선언했다.[211] 그는 여기에 덧붙여 살루스티우스적인 어조로, 자유 안에서 사는 나라들이 언제나 엄청난 것을 성취할 수 있는 이유는 "모든 사람이 자유로운 상태로 태어났지 노예로 태어나지 않았다는 것뿐만 아니라, 그들이 자신들의 덕을 수단으로 해서 탁월한 지위에 오를 수 있다는 것을 알기" 때문이라고 주장한다.[212] 이것은 잉글랜드 공화국의 신로마적 저술가들이 자유국가를 생각할 때 그 핵심으로 삼았던 주장이다. 해링턴은 『오세아나』의 초입에서부터 그러한 공동체의 특별한 가치는 '모든 개인적 인간들이 법의 틀을 짜 그들의 자유를 보호하

고 바로 그러한 방법으로 그것이 공화국의 자유가 된다는' 사실
에서 기인한다고 선언한다.[213] 니덤은 한껏 부풀려 『자유국가의
수월성』에서 잉글랜드의 인민들이 공화국을 선호해 거기서 살겠
다고 결정한 이유는 공화국이 '인민의 자유를 가장 잘 보장하리
라는 것'을 알았기 때문이라고 주장한다.[214] 후에 그는 자신이 '자
유국가가 귀족이나 왕의 지배보다 훨씬 더 좋다는 것'을 믿는 주
된 이유는, 그러한 국가가 '인민의 이익과 평안을 그들의 권리의
향유를 보장함으로써' 가장 잘 제공하기 때문이라고 단언한다.[215]
밀턴도 같은 감정으로 『쉬운 방법』에서 그것을 확언한다. 종교적
자유뿐만 아니라 '자유의 또다른 부분은 모든 사람의 시민적 권
리와 수준의 향상에 존재한다.' 또한 '그것을 구가하고 그것에 접
근하는 것이 자유로운 공화국 안에서 보다 더 확실하고 열려 있
는 곳은 절대로 없다는' 사실은 의심할 여지가 없다는 것이다.[216]

이러한 저술가들이 내린 결론의 요점은 이와 같이 자유국가의
시민으로서 살 때 비로소 시민적 자유를 완전히 구가할 수 있다
는 것이다. 그러나 홉스가 말하듯이, 이것은 자명한 진술이라고
할 수는 없다. 또한 그것은 언어적 기교에 불과해 보일 수도 있다.
따라서 이제 신로마적 저술가들이 그들의 결론을 견지하기 위해
제시하는 증거는 무엇이고, 그들이 홉스의 빈번히 반복되는 비난
에 맞서 자신들을 어떻게 방어했는지를 살펴보아야 한다.

그들의 논의를 쫓아가기 위해서는, 다시 그들이 사용했던 정치
체와 자연적 육체의 유추로 돌아가서 거기서부터 시작할 필요가

있다. 그들은 자유를 소유했다거나 혹은 상실했다는 것의 의미가 개인적 시민의 경우나 자유 공화국 혹은 자유국가의 경우나 모두 마찬가지라고 보았다. 이러한 관점에서, 그들은 개인이나 공동체 모두 자유를 박탈당하거나 훼손당할 수 있는 두 가지 명백한 길이 언제나 존재한다고 주장한다. 무엇보다도 먼저, 국가 권력이나 동료 시민의 권력을 이용하여 법이 명하거나 금지하지 않은 그 어떤 행동이라도 강제로 하게 하거나—혹은 하지 못하도록 하거나—혹은 그것을 강요한다면, 자유는 당연히 박탈된 것이다. 가장 명백한 예를 들어, 만약 정치권력이 폭압적 지배자의 수중에 있고 폭군이 그의 권력을 이용하여 사람들의 생명을 위협하고 간섭한다면, 그 사람들의 시민으로서의 자유 혹은 그들의 재산은 그만큼 훼손당할 것이다. 이것이 왜 이 저술가들이 잉글랜드 내전의 발발을 설명할 때면 언제나 존 햄던John Hampden이 1635년 선박세 납부를 거부한 사실에 대해 그다지도 많은 언급을 하는지를 말해준다.[217] 밀턴이 『성상파괴』에서 그 사건을 해석하듯이, 평화 시의 과세, 특히 의회의 동의도 받지 않은 과세는 왕이 신민들의 재산을 힘으로 몰수하는 것을 의미했다. 그것은 법의 강제력을 이용하여 왕이 신민들의 가장 기본적인 시민적 자유를 박탈하는 것이었다. 이러한 행위를 폭군 정부가 인민을 노예로 만드는 것이라고 본 것은 정확했다고 밀턴은 결론 내린다.[218]

그러나 신로마적 저술가들의 주된 주장은, 이런 종류의 공공연한 강압에 시달리지 않아도 시민적 자유를 박탈당할 수 있다는 것이다. 단지 정치적으로 종속되거나 혹은 의존하기만 해도 그로써 정부가 생명, 자유, 재산을 강제로 혹은 강압으로 박탈할 수 있는 위험에 노출되기만 해도 자유는 상실된다는 것이다.[219] 이것은 법 바깥에 특권 혹은 대권을 허용하는 정부 아래서 산다면 그것은 어떤 형태이든 간에 이미 노예로 살고 있다고 말하는 것이다. 지배자들은 그러한 권력을 행사하지 않을 수도 있다. 혹은 개인의 자유를 존중하는 가장 온화한 방식으로 그 권력을 행사할 수도 있다. 그리하여 신민들은 실제로 시민적 권리들을 충분히 계속해서 구가할 수도 있다. 그러나 지배자가 그러한 자의적 권력을 소유하고 있디는 비로 그 사실이, 지속적인 시민권의 향유가 언제나 지배자의 선의에 달려 있다는 것을 의미한다. 이것은 행동의 권리가 언제라도 위축되거나 혹은 회수될 수 있는 상황에 놓여 있음을 말하는 것이다. 또한 이것은 그들이 이미 설명했듯이, 예종 상태에 살고 있다는 것과 마찬가지다.

이러한 불꽃 튀는 주장은 가장 확신에 찬 어조로—혹은 아마도 가장 덜 정교하게—많은 수의 기타 저술가들이 잉글랜드 공화국을 옹호할 때 펼쳐졌다. 존 홀은 지배자가 모든 사람이 복종하고 있는 절대 권력을 소유하고 있다면, 이것은 이미 '나의 자연적 자유는 나로부터 떨어져나갔다'는 것을 의미한다고 확신한다.[220] 프랜시스 오스본도 마찬가지로, '타인의 의지에 따라 사는' 신민들은 자유롭고 행복하다고 해도 이미 노예 상태에서 사는 것이라고 주장한다.[221] 니덤도 '모든 인간의 권리가 타인의 의지 밑에' 놓여 있는 자의적 권력의 그 어떤 체제도 이미 '폭정 그 자체'요 노예 상태라고 분류될 수 있다는 데 동의한다.[222]

그렇다고 지도적인 신로마적 이론가들의 경우, 이들보다 이러한 중심적인 원리에 대한 확신이 덜 했다고 말할 수는 없다. 알저논 시드니의 『정부 논고』의 초입에서 가장 뜻이 분명한 용어로 이 원리가 다시 확인되고 있다. 그는 자신이 '자유의 공통적 개념'이라고 말한 것에 대해 논하면서 그 책을 시작한다.

> 자유는 오로지 타인의 의지로부터 독립할 때 존재하기 때문에, 그리고 노예라는 명칭으로 우리는 그 자신의 인신도 재물도 자신이 처리하지 못하고 단지 그 주인의 의지에 따라서 그것을 향유하는 사람을 의미하기 때문에, 어떤 사람이나 국민이 노예는 아니라고 해도, 군주가 마음먹으면 언제나 거둬들일 수 있는 은총이 아니고서는 그 어떤 권리도 구가할 수 없다면, 자연에 있는 사물 가운데 그보다 더 노예라고 말할 수 있는 것은 없다.[223]

시드니가 분명히 하고 있듯이, 인간들이 자유를 빼앗기고 노예 상태로 전락하는 것은 자의적인 강압에서 무사히 벗어날 수 있어도, 종속되어 있다는 것 자체만으로도 충분하며 꼭 실제적 강압을 받아야만 그렇게 되는 것은 아니라는 것이다.[224]

볼링브르크가 1730년대 초 로버트 월폴 정부를 비난하기 위해 『당파에 관한 논고』에서 이러한 논의를 다시 꺼내들을 때, 그는 주로 대의적 의회의 구성원들이 공동선을 위해 봉사해야 하는 의무를 훼절하는 방향으로 투표하고 행동하도록 유도하는 행정부의 과도한 권력을 지적하는 것이었다.[225] 반면 17세기 저술가들은 주로 왕의 대권이라는 불안한 원인에 초점을 맞추었다. 특히 개인 신민들의 자유에 늘 위협이 되는 왕의 임의적 재량권에 주목했다. 이는 신로마적 저술가들이 잉글랜드 내전을 설명할 때, 시민군 통제권을 의회와 나누어 갖지 않고 오로지 자신의 것으로 주장한 찰스 1세의 행동을 가장 고약한 일로 꼽는 이유를 설명해준다.[226] 찰스는 이 문제에 너무나 완고해 치명적 결과를 초래했다. 밀턴은 『성상파괴』에서 그의 위대한 어투로 이를 비판한다.

> 시민군의 권력을 그 혼자 갖는 것은 우리의 법과 자유를 통째로 그에게 넘겨주는 것과 같다. 왜냐하면 무력이 법의 권력과 분리되고 독립된 위치에 놓인다면, 법의 권력은 원래 최고 재판소에 있는 것인데, 그 무력이 곧 법의 주인이 될 것이며, 또한 한 사람의 재량에 따라 무력이 행사된다면, 그가 법도 통제할 수 있을 것이고, 무장한 폭군에 대한 약한 저항에 불과했던 대헌장마저 무시하고, 우리를 완전히 노예로 삼을 것이기 때문이다.[227]

밀턴의 이러한 비난은 신로마적 저술가들이 미국혁명과 그 이후 시대에 물려준 기본적 원리를 미리 선언한 것이었다. 그 기본적 원리는 바로 상비군의 유지는 언제나 시민적 자유의 보존과

양립할 수 없다는 것이다.[228]

이것은 자유를 유지하려면 임의적 재량권이 배제된 정치 체제 하에서 살아야 하며 시민권이 국가의 지배자, 지배 집단, 혹은 다른 권력자의 선의에 의존해야만 하는 가능성을 제거해야 한다는 것을 의미한다.[229] 다른 말로 하면, 입법의 유일한 권력이 인민 혹은 그들이 신임하는 대표들에게 있는, 그리고 정치체의 모든 개별적 구성원들이—지배자와 시민 모두—자신들에게 부과된 모든 법에 평등하게 복종하는 체제에서 살아야 한다는 것이다.[230] 그러한 자치 정부 체제하에서만 지배자들의 강압적 임의 재량권을 박탈할 수 있고, 결과적으로 시민들을 지배자의 선의에 의존하게 해 노예의 지위로 전락시킬 수 있는 그 어떤 폭군의 등장도 불가능하게 만든다.

이것이 해링턴이 리비우스를 번역하며 '인간이 아닌 법의 제국'이라고 기술한 체제다. 그리고 또한 밀턴이 『왕과 관리의 재직 기한』에서 찰스 1세의 재판 회부 결정을 옹호하며 거창하게 찬양한 체제다.

그리하여, 확실히 우리처럼 자유 국민임을 자랑스럽게 여기면서도 자체적으로 정부 그 자체가 긴급한 위기에 빠졌을 때, 그 어떤 최고 위층 혹은 하급의 지배자라도 내쫓거나 그 직을 박탈할 수 있는 권력을 가지지 못했다면, 그 사람들은 단지 환상 속에서 자유로울 뿐 그 자유는 조소거리에 지나지 않고 가식적인 것에 불과하여 속임수에 넘어가는 어린아이들한테나 적합한 것이다. 그리고 실제로는 폭정과 노예 상태하에 있는 것이다. 그것은 한 가정의 가장으로서, 그리고 재산을 자유롭게 상속할 수 있는 가장으로서, 신이 주신 토지를 처분하고 경작할 권한조차 가지지 못한 것이나 마찬가지다. 그 권한이 모든 자유의 뿌리요, 근원인 것이다. 자유 국민의 자연적이고 본질적인 권한이 없이는 제아무리 머리를 꼿꼿하게 들고 살아도, 그들은 다른 대를 잇는 영주가 그 지위를 보유하고 있는 기간에 태어난 노예나 종신 계약자보다 나을 것이 없다고 생각하면 올바른 평가일 것이다. 그러한 정부는 불법적이지도 않고 혹은 참을 수도 있는 것이지만 그들을 자유 정부로서가 아니라 영주적 징벌자로서 짓누르고 있는 것이다. 따라서 그러한 정부는 끝장내야 한다.[231]

개인 시민들의 입장에서 취할 대안은 확실하다. 즉 자치 정부하에서 살지 않으면 노예가 되어 살게 되리라는 것이다.[232]

신로마적 저술가들은 이러한 논의로 자신들의 근본 주장이 증명이 된 것이라고 생각하고 자유국가에서만 자유가 가능하다는 결론을 내린다. 그들은 이미 자유국가를 하나의 전체로서 인민의 의지대로 법을 만드는 국가라고 규정했다. 그러나 이제 그들은 인신적 예종 상태에서 벗어나기 위해서는 자유국가의 신민이 되는 수밖에 없다고 설명한다. 해링턴은 『오세아나』의 서두에서 그것을 아주 간결하게 말하고 있다. 입법 과정에서 모든 사람이 평등하다면, 또 그래야만 '공화국의 자유뿐만 아니라 모든 사람의 자유'도 보장받을 수 있다는 것이다. 왜냐하면 그러한 조건하에 있다면, 그리고 그래야만 법이 "모든 개별적 인간들에 의해 다름 아닌 그들의 자유를 보호하는 목적으로만 제정될 수 있기 때문이다."[233]

공적 자유와 사적 자유 사이에 그 어떤 연결점도 찾을 수 없었던—혹은 그렇게 하는 것 자체를 거부했던—홉스의 태도는 의심할 바 없이 후대에 큰 영향력을 행사했다. 하지만 신로마적 저술가들에 대한 대부분의 비판자들은 그러한 연결점을 찾으려 했던 욕망이 그들의 논의 한복판에 있었다는 점은 인정했다. 그러나 지금 살펴보고 있는 신로마적 저술가들의 이데올로기 핵심인 인신적 예속 상태에서 벗어나려면 오직 대의제적 형태의 정부하에서 적극적인 시민으로 살아야 한다는 주장에 대해, 그 비판자들 사이에서 좀더 심화된 두 가지 반론이 제기되었다.

많은 수의 비판자들이 이러한 논지가 실제로 앞뒤가 맞지 않는 것이라고는 할 수 없지만, 정부에 참여할 수 있는 평등한 권리가 시민적 자유를 유지하는 데 필수적이라는 주장은 너무 유토피아적이어서 우리가 살고 있는 실제 정치 세계와는 들어맞지 않는다고 주장했다. 이러한 반박은 미국혁명과 프랑스혁명 당시 여기저기서 터져나왔다. 그 가운데 이후 고전적 자유주의에 아마도 가장 큰 영향력을 발휘했던 것은 윌리엄 펠리William Paley의 『도덕 철학과 정치철학의 원리』(이하 『원리』)였다.[234] 펠리는 위협적인 어조로 다음과 같이 강력히 말한다.

> 이러한 자유의 정의는 반드시 폐기되어야 한다. 그것은 경험적으로
> 불가능한 것을 시민적 자유의 본질이라고 주장하면서 결코 충족될
> 수 없는 기대에 불을 붙여 불만으로 공론을 왜곡시킨다.[235]

펠리의 이러한 경고는 『원리』가 19세기 내내 정치이론의 주된 교재로 사용되었다는 사실에 비추어 볼 때 한층 더 의미가 있다.[236]

여기서 펠리의 비판에 대한 반박은 하지 말자.[237] 그러나 왜 유토피아적이라고 해서 반드시 정치이론에 맞지 않는다고 단정해야 하는지에 대해서는 따져보자. 도덕이론과 정치이론이 가지고 있는 정당한 목표 가운데 하나는 우리가 신봉하여 받아들인 가치에 따라 취하는 행동이 어떤 계열의 것인지를 확실히 알게 해주는 것이다.[238] 우리가 개인의 자유를 진실로 가치 있는 것으로 생각한다면 그것은 하나의 본질적 이상으로서 정치적 평등의 수립을 요구한다는 주장은 물론 현실적으로 매우 불편할 수도 있다. 그러나 그것이 진실이라면 그것이 현실에 맞지 않는 요구라고 비판할 것이 아니라, 오히려 그러한 원리에 충분히 귀를 기울이지 않는 우리의 현실을 비판해야 할 것이다.

신로마적 이론에 대해 공통적으로 제기되는 또다른 강력한 반박에 대해 집중하자. 많은 수의 탁월한 비판자들이 자유국가 안

에서만 자유로울 수 있다는 주장에 기초해, 자유의 개념을 분석하는 것 자체가 방향을 잘못 잡은 것이며 혼동에 빠질 것이라고 경고했다. 이러한 비판자들은 공통적으로 두 가지 공격을 감행한다. 첫번째 공격은 개인의 자유의 범위는, 개인이 자신의 능력 안에서 어디까지 어떤 행위를 할 수 있는가, 아니면 어디까지 물리적 혹은 법적으로 제약받지 않는가에 달려 있다는 홉스적 원리를 재확인하는 것이다. 예를 들어, 펠리가 말하듯 '실제로 얼마나 자유로운가'는 언제나 자신이 선택한 목적을 추구할 수 있는 능력에 부과된 '제약의 수와 강도에 반비례'한다는 것이다.[239] 그러나 펠리에 의하면, 신로마적 이론가들은 이 상황에 대해서가 아니라 그러한 행위가 제약받을 수 있는 위험에서 얼마나 벗어날 수 있는지 혹은 없는지에 대해서만 말한다.[240] 펠리는 계속해서 이것은 자유라는 관념을 전혀 다른 가치와 혼동하는 것이라고 비판한다. 신로마적 이론가들이 말하는 것은 자유를 보장받고 권리를 행사할 수 있는 가치이지 자유 그 자체가 아니라는 것이다. 그리하여 그들은 "자유 그 자체를 기술했다기보다는 자유의 안전판과 보호막에 대해 기술한 것이다. 예를 들어, 법에 의해서가 아니더라도 그가 동의해준 사람들에 의해 지배당하는 것이 실용적이라면, 그것은 시민적 자유를 누리는 데에 필수적이다. 그것은 자신의 사적 의지에 자의적이고 불필요한 제약을 가하는 법의 명령에 대항할 수 있는 안전장치를 제공해줄 수도 있기 때문에 그렇다."[241]

두번째 공격이 곧장 이어진다. 이렇게 신로마적 저술가들이 자유의 개념과 그것을 안전하게 지킬 수 있는 권리를 혼동했다는 것이 밝혀진다면, 자유국가 안에서만 자유로울 수 있다고 결론을 맺는 신로마적 저술가들의 주장은 잘못임을 알게 되리라는 것이다. 시민으로서 지니는 자유는 자신의 의지대로 힘을 행사하지 못하게 하는 법의 강제적 장치에 의해 얼마나 덜 제약을 받는가에 달려 있다. 그러나 이것이 의미하는 바는 시민적 자유에서 문제가 되는 것은 누가 법을 만드는가 하는 문제가 아니라, 단순히 얼마나 많은 법이 만들어지는가, 그리하여 얼마나 많은 행위가 사실상 제약을 받는가 하는 문제라는 것이다. 이것은 다시 개인의 자유를 보존하기 위해서는 반드시 어떤 특정 형태의 정부를 유지해야 할 필요는 없다는 것을 보여준다. 펠리가 결론을 맺듯이, 원리상 "절대주의 형태의 정부가 가장 순수한 민주정 못지않은 자유를" 허용할 수는 없으리라고 생각할 이유가 없다는 것이다.[242]

이러한 반박은 부자연스럽다고 보기는 어렵다. 오늘날 정치철학자들 가운데 신로마적 이론을 가장 강력하게 옹호하고 있는 필립 페티트조차도 여기에 양보하려는 태도를 보인다.[243] 그러나 펠리식의 비판은 신로마적 이론가들이 시민적 자유라는 개념에 대해서 고심한 결과로 나온 가장 근본적이고 차별적인 주장을 제대로 이해하지 못한 것처럼 보인다. 그 주장은 앞서 이미 한 분석에 명백히 들어 있다. 이제 그것에 대해 좀더 상세하게 설명해보자.

신로마적 저술가들은 시민으로서 지니는 자유의 범위는 그 시민이 선택한 목적을 자신의 의지대로 추구하는 것이 제한받는지 혹은 제한받지 않는지에 따라 결정된다는 것을 십분 받아들인다. 즉, 그들은 제레미 벤담이 후에 정형화시킨 것처럼, 자유는 언제나 그 어떤 것의 부재—특히 제재와 강제라는 수단의 부재—에 의해 규정된다는 의미에서 자유의 개념은 '단지 소극적인 개념'이라는 자유주의적 교리와 논쟁을 벌이지 않는다.[244] 그들은 또한 강제력을 행사하거나 혹은 그렇게 하겠다고 위협하면서 강요하는 것이 개인의 자유를 침해하는 제약에 속한다는 것을 결코 부인하려고 하지 않았다.[245] 최근의 많은 연구자들의 해석에도 불구하고, 신로마적 이론가들은 부자유는 강압의 산물이 아니라 단지 종속의 산물이라고 주장하지 않았다.[246]

그렇다면 신로마적 자유론과 자유주의적 자유론을 구분 짓는 것은 도대체 무엇인가? 신로마적 저술가들이 비판한 것은, 강제 혹은 강압적 위협이 개인의 자유를 침해하는 유일한 제약이라는 (당시에는 아직 설익은) 자유주의의 핵심 주장이었다.[247] 신로마적 저술가들은 이와는 대조적으로 종속 상태에서 산다는 것 자체가 제약의 근원이고 형식이라고 주장한다. 그러한 조건하에서 살고 있다는 것을 알게 되는 순간 많은 시민적 권리들이 저절로 제약받는다는 것이다. 이것이 그들이, 펠리가 들으면 섭섭한 말이겠지만, 그러한 조건하에서 산다는 것이 단지 자유의 안전장치가 약화되는 것일 뿐만 아니라 자유 그 자체가 손상되는 것이라고 주장하는 이유다.[248]

단적으로 말해 문제는 제약이라는 기본적인 관념을 어떻게 해석하는가 하는 것이다.[249] 여기서 다루고 있는 저술가들 가운데 그 문제를 가장 도전적으로 제기한 사람은 해링턴이었다. 그는 홉스가 『리바이어던』에서 신로마적 이론에 대해 냉소적으로 언급한 것에 대해 응답하면서 그 문제를 제기했다.[250] 홉스는 자치 공화국인 루카와 그 시민들이 키워온 이른바 자유로운 방식의 삶이라는 환상을 비웃는다. 홉스는 그 시민들이 '오늘날 루카시의 탑에 크게 대문자로 자유LIBERTAS라고' 새겨놓았다고 말한다.[251] 그러나 그들이 일상적인 시민으로서 콘스탄티노플의 술탄 치하에서 사는 것보다 더 많은 자유를 누린다고 믿을 만한 하등의 이유도 없다고 홉스는 말한다. 왜냐하면 개인의 자유에 문제가 되는 것은 법의 근원이 아니라 그 범위이고 따라서 '국가가 왕정이건 혹은 민중지배체제이건 간에 자유는 다 마찬가지이기' 때문이라는 것이다.[252]

해링턴은 이에 대해 직접적으로 맞받아쳤다.[253] 콘스탄티노플에서 누리는 자유가 아무리 크더라도 그것은 전적으로 술탄의 선의에 달려 있다는 이유만으로도, 술탄의 신민이라면 당연히 루카의 시민보다 자유롭지 못하다는 것이다. 이것은 루카에서는 가장 누추한 시민이라도 그것 때문에 고통받지 않는 제약의 한 형태가 콘스탄티노플에는 존재한다는 것을 의미한다. 해링턴이 격렬하게 비판하는 것처럼, 콘스탄티노플에서는 가장 강력한 군사령관 bashw조차도 단지 그의 영주의 봉신이기 때문에 술탄의 노여움을 살 만한 말을 하거나 행동을 하면 언제든지 그 지위를 상실하게 된다는 것을 생각해서 사람들이 말하고 행동하는 것을 스스로 제약하고 있다는 것이다.[254] 달리 말하면, 법과 술탄의 의지가 하나며 같다는 바로 그 사실이 자유를 제한하는 결과를 가져온다는 것이다. 따라서 국가가 왕정인가 혹은 민중지배체제인가에 따라 자유는 확연히 달라진다.

알저논 시드니도 『정부 논고』에서 자연법을 논의하면서 더 강력하게 이에 대해 중요한 언급을 했다.

자유는 단지 타인의 의지에 종속되지 않는 것이기 때문에, 그리고 노예가 바로 타인의 의지에 종속된 것을 말하기 때문에, 군주의 의지와는 다른 법이 존재하지 않는 왕국에는 자유가 있을 수 없다.

왕들과 폭군들도 신민들의 토지, 자유, 재화, 생명을 보호해주지 않으면 안 되고, 법이 바로 그들의 자비로운 즐거움의 표현 그 자체라고 말할 사람이라면 누구든지 의미 없는 말로 세상을 조롱하려고 하는 것이다.[255]

신로마적 저술가들은 다양한 예를 들어가면서 그들의 주장을 전개시켰는데, 일반적으로 가장 고전적인 의미에서 시민이라는 칭호를 들을 만한 탁월한 인물들이 처했던 곤궁에 초점을 맞추었다. 즉 그들은 근대 유럽에서 지배자와 정부의 자문관과 고문으로서 공적 봉사에 헌신한 인물들에 초점을 맞추었다. 이러한 시민들이 자유를 누릴 수 있어야 한다고 요청할 때, 그것은 무엇보다도 공동선의 이름으로 양심이 명하는 바를 말할 수 있고 행동으로 옮길 수 있는 바로 그 자유였다. 그들의 시민적 자유의 이러한 측면이 어떤 방식으로든 제한되거나 박탈된다면, 그들은 자신들이 국가에 가장 큰 혜택을 줄 수 있다고 확신한 정책을 시행해야 한다는 유덕한 시민으로서의 최고의 의무를 수행할 수 없게 되고 만다.

이것이 잉글랜드 역사의 휘그적 해석이 토머스 모어와 그가 1523년 하원 의장으로서 언론의 자유를 청원한 사실에 언제나 특별한 자리를 마련하는 이유다.[256] 그는 헨리 8세에게 당당히 다음과 같은 사실을 상기시킨다. "전하의 의회에서 전하의 영토와 군주의 신분에 관한 문제만이 무게 있게 그리고 중요하게 다루어지고 있습니다." 사정이 그러하여 "전하의 사려 깊은 평민들이 충언을 하는 것이 침묵당할 수 있습니다. 의회의 그 어떤 구성원이라도 '전하의 노여움을 의심하지 않고 자유롭게' 말하고 행동하는 것이 금지되어 있다고 느낀다면 그리하여 그들의 양심을 속이고 우리 안에 당연히 존재하는 모든 문제에 대해서 과감하게 충언을 하지 못한다면, 그것은 공동의 일을 논의하는 데 크나큰 방해가 되는 것입니다."[257]

그러나 모어 그 자신은 이미 1516년 『유토피아』에서 근대 정부를 위해서 일할 때 이와 같이 중요한 자유를 누릴 가능성이 없음을 주장한 바 있다. 그는 그 이유를 유토피아섬을 여행한 라파

엘 히스로디Raphael Hythlody의 입을 통해 말하고 있다. 문제 가운데 하나는, 공정하고 존경받을 만한 정책을 펼치기 위해 용기를 내서 마음먹은 바를 말해도 그러한 충언에 최소한의 주의라도 기울이는 지배자는 거의 없다는 것이다. 그들은 일반적으로 정복을 통한 영광을—그것이 비록 국가를 멸망에 이르게 하더라도—추구하는 것을 더 좋아한다.[258] 그러나 주된 난관은 모든 궁정인들과 자문관들이 그렇게 살고 일하도록 강제된 노예적 종속의 상황에서 기인한다. 그들은 공동선을 위해 말하고 행동하기를 원할 수 없다. 왜냐하면 그들은 자신들이 군주에게 최대한의 호감을 사려면 군주의 말이 아무리 부조리해도 무엇이건 동의하지 않으면 안 되고, 동시에 아첨을 통해 총신들의 환심을 사는 데 매달리지 않으면 안 되는 것을 알기 때문이다.[259] 그러한 굴욕적인 조건 아래서 행동할 때 나오는 결과는 "왕에 대한 봉사service와 노예 상태servitude는 단지 한 음절만 차이가 날 뿐이라는 것이다."[260] 모어의 이러한 반응은 엘리자베스여왕시대와 제임스 1세시대의 문학에서 광범위한 반향을 불러일으켰다. 군주의 궁정은 파당과 아첨의 중심이며,[261] 거짓말과 염탐꾼들의 온상이요,[262] 공공선을 위해 봉사하려는 사람들의 열망에 대해서는 적극적으로 적대적인 태도를 취했다는 것이다. 같은 시기에 타키투스가 점점 널리 읽혔다는 사실은 고대 도덕주의자들 가운데 그가 내정이 군주의 궁정을 중심으로 행해질 때 발생하는 파멸적 결과에 대해 가장 잘 이해하고 있었다는 당시의 인식을 반영한다. 모든 사람이 군주에 종속되어 그를 기쁘게 해주기 위해 아첨의 기술을 배워야 한다면 아무도 권력에 대항해 진실을 말하려고 할 수 없을 것이다.[263]

이와 같은 공격은 1660년 찰스 2세의 왕정복고와 함께 방종하고 무절제한 궁정이 다시 부활하고 그것이 점점 더 폭군적 성향을 나타내고 있다는 우려가 제기된 후 다시 시작되었다. 알저논 시드니는 당시 군주의 고문관과 각료로서 경력을 쌓고 있던 사람들에게서 나타나는 전형적인 부패에 대해 근엄하게 경멸조로 말한다. 그러한 지배자들은 '자신들이 원하는 것을 할 수 없으면 자신들이 부당하게 대우받고 품위가 떨어졌다고 생각한다.' 그리하여 "법에 의해 제한받지 않는 권력에 가까이 가면 갈수록 그들은 더 열정적으로 그 권력에 반대하는 모든 것을 없애버리려고 한다."[264] 지배자들이 이러한 전제적 성향을 더 나타내면 낼수록 그 고문관들은 그만큼 더 노예 상태로 전락한다. 그들은 자신들이 '지배자의 권력 아래에서, 지배자가 좋아하느냐 마느냐에 따라 모든 것이 결정되고' 보상과 출세는 말할 것도 없고 생존마저도 전적으로 지배자의 은혜에 의존할 수밖에 없다는 것을 알게 된다.[265]

그러한 체제하에서도 물론 잘나갈 수 있다. 그러나 시드니의 반복되는 주된 주장은 그러한 체제하에서는 오로지 가장 악한 자만이 공적 생활을 영위하려고 한다는 것이다. 그러나 그는 모든 사람이 군주의 극단적 변덕에 고통당하도록 되어 있다고 강조한다. 그는 자신의 논지를 타키투스가 로마제국에서 나타난 점증하는 부패에 대해서 탐구하는 방식으로 제시한다. 동시에 그의 언

어는 해링턴이 튀르키예에서의 삶을 논의한 것을 그대로 상기시
킨다.

> 지배자의 의지가 법으로 통하고 권력이 언제나 가장 비열하고 폭력
> 적인 자들의 수중으로 떨어질 때, 자신의 인신 혹은 신분이 얼마나
> 안전할 수 있는가는 그 지배자의 기분에 달려 있다. 그리고 군주 자
> 신들도, 선한 군주이든 악한 군주이든 간에, 폭력적이고 부패한 군인
> 들이 그들에게 보장하는 목숨보다 더 오래 살 수 없다.[266]

시드니가 절대주의 정부와 민중 정부의 차이를 논의할 때 강조
하고 있듯이, 그러한 체제하에서의 삶은 모든 사람들이 폭군의
분노가 언제 터질지 모른다는 공포와 위험 속에서 계속 살아야
한다는 것이다. '폭군의 분노가 미치는 화를 모면하려고' 모든 사
람들이 전전긍긍한다는 것이다.[267]

시드니가 내린 결론의 핵심은 그러한 종속적 조건하에서 산다
는 것 자체가, 고문관이든 각료든 간에, 자신이 말할 수 있고 행동
할 수 있는 범위에 제약을 가하리라는 것이다. 우선 폭군을 불쾌
하게 만들 염려가 있는 그 어떤 말이나 행동에도 제약이 따를 것
이다. 그 누구도 그들에게 지워진 '멍에에서 감히 벗어나려고 하
지' 않을 것이며 '그들의 자유를 회복하기 위한 그 어떤 온건한
계획에 대해서도 서로를 믿지 못할 것이다.'[268] 또한 끝없이 아부
하면서 비굴하게 행동하도록 제약되어 '궁정인의 주된 기술은 자

신을 군주에게 유용하게'[269] 그리고 '복종적으로'[270] 만드는 기술
이라고 인식할 수밖에 없을 것이다. 시드니는 공공선에 대한 논
의에서 '노예 근성이 가장 농후한 자들이', 고위 관직을 모두 차지
했을 때 로마에서 어떤 일이 벌어졌는가를 기술한 타키투스에 다
시 의존해 그 교훈을 지적한다.[271] 모든 것이 한 사람의 취향과 이
익에 따라 계산되고, 또한 오직 가장 비굴한 존경 혹은 그의 인격
에 대한 가장된 애정에 의해서만, 그의 명령에 노예처럼 복종하
는 것을 통해서만 그 한 사람의 호감을 살 수 있는 체제하에서는
필연적으로 '모든 유덕한 행동은 사라지고' 공공선을 추구할 수
있는 모든 능력이 상실되는 결과를 초래하게 된다는 것이다.[272]

시드니의 절망에 찬 주장의 바탕에는 이러한 결과가 결코 강압
적인 위협 때문만은 아니라는 핵심적 가정이 있다. 물론 권력자
를 보좌하는 사람들의 자유의 부족은 강요 혹은 강압 때문일 수
도 있다. 그러나 그러한 자문관들의 전형적인 노예적 행태는 강
요나 강압에 의한 것과 마찬가지로 그들이 기본적으로 종속 상태
에 놓여 있다는 사실에서 기인한다. 또한 그것은 그들의 직무가
자신들에게 요구하는 것에 대한 그들의 생각에서도 기인한다. 그
들은 '부와 권력을 소유한 한 사람에게 맹목적으로 종속' 되자마
자, '단지 그 한 사람이 원하는 것이 무엇인지만을 알려고' 하고,
결국은 '보상만 받는다면 그 어떤 불의를 저지르는 것도 괘념치
않는다.'[273]

절대 권력에 대한 이러한 예종적인 지지자들을 기술하는 신로

마적 이론가들의 한 방법은 그들을 역겨운 성격의 인물로 기술하는 것이다. 앞서 보았듯이, 역겨운obnoxius이라는 단어는 원래 타인의 자비에 의존해서 살아가는 사람들의 곤궁한 처지를 가리키는 데 사용되었다. 그러나 신로마적 자유론의 등장과 함께, 그 단어는 군주나 소수 지배자들이 시키는 대로 사는 사람들이 보이는 노예적 행동을 말할 때 쓰이게 되었다.[274] 베이컨도 이미 1625년 『수상록』에서 왕들이 염탐꾼으로 부려먹는 '역겹고 주제넘은' 하인으로서 환관에 대해 혐오스러운 어조로 말하고 있다.[275] 조지 위더도 1652년에 발표된 「잉글랜드 공화국의 의회와 인민에게」라는 시에서, 그들의 사적 결함이 자유국가 안에서는 자신들을 추악하게 만든다며 비난하고 있다.[276] 더욱 분노가 표출된 표현은 1680년 몬머스 공에게 익명의 필자가 보낸 간언의 편지에서 찾아볼 수 있다. 그는 '소인배 정치인들'의 아부 모의를 언급하면서, '모든 충성심을 가진 신민의 의무'는 '그러한 소인배들의 음모를 밝혀 그들을 인민에게 역겹고 역겨운 존재로' 만드는 것이라고 선언한다.[277]

이러한 모멸적인 반응들은, 왜 신로마적 저술가들이 빈번히 독립적인 지방의 신사들을 근대 사회의 도덕적 존엄과 가치의 지도적인 인물들로 높이 평가했는지를 설명해준다. 해링턴은 『오세아나』에서 "공화국을 수립하고 그것을 지배하는 데 가장 중요한 것이 유독 신사들의 재능에 있는 것처럼 보인다"고 말한다.[278] 존경받을 만한 인물들에 대한 묘사는 계속된다. 그는 검소하고 수수한 마음을 가졌으며,[279] 올곧고 성실함이 충만하며,[280] 무엇보다도 그는 진정 남자다운 남자요, 믿음직한 용기와 불굴의 정신을 지닌 남자다.[281] 그의 덕성과 궁정에 넘쳐나는 역겨운 기생충 같은 아첨꾼들의 악덕이 계속해서 대조되었다. 궁정인들은 검소하고 수수한 마음을 가진 대신 음란하고 방종하고 방탕하며,[282] 올곧은 대신 굽실거리며 비굴하며 비천하고,[283] 용감함 대신 아양이나 떨고 비열하며 남자답지 못하다.[284]

이러한 도덕적 이상은 여기서 언급된 저술가들에 의해, 그들이 펼치는 운동의 의로움에 대한 절대적 확신과 함께—그리고 해링턴의 경우처럼 필승의 신념으로—제시되고 있다. 하지만 놀랍게도 짧은 시간 안에 신로마적 이론은 쇠락할 운명을 맞았다. 18세기에 고전적 공리주의가 등장하고, 그다음 세기에는 공리주의의 원리들이 자유주의 국가들의 기초의 많은 부분을 제공하게 되면서, 자유국가 이론은 점점 평판이 나빠지다가 결국은 시야에서 거의 사라져버렸다.

이러한 패배의 한 원인은 자유국가 이론의 기초가 되었던 사회적 전제들이 시대에 뒤처지고 심지어는 불합리한 것으로 보이기 시작했다는 것이다. 18세기 초에 이르러 궁정의 삶의 방식이 부르주아 계급으로 확대되면서, 독립적인 지방 신사들의 덕은 예식을 중시하는 상업의 시대에는 맞지 않고 심지어는 적대적으로 보이기 시작했다. 신로마적 저술가들의 영웅은 수수한 마음을 지닌 것이 아니라 거칠고 촌스러운 것으로, 올곧은 것이 아니라 완고

하고 싸움을 좋아하는 것으로, 강직한 것이 아니라 무감각한 것으로 보이게 되었다. 그 영웅을 비방하는 사람들은 그를 도시적 감각과 예식, 세련미를 갖추어야만 하는 시대에 아직도 촌스럽고 조야하게 사는 서부 지역의 지주와 같은 비웃음의 대상이 되는 인물로 바꾸어놓는 데 결국 성공했다.

신로마적 이론이 불신당하는 데 더욱더 중요했던 것은 그것의 기초적 자유론이 개념을 혼동하고 있다는 주장이 지속적으로 반복되었다는 사실이다.[285] 윌리엄 펠리의 그러한 비판에 대해서는 이미 살펴보았다. 그런데 그의 논의에 기초가 된 것들은 이미 윌리엄 블랙스톤과[286] 존 린드가[287] 진술한 바 있으며, 계속해서 제러미 벤담과 존 오스틴의 법학에서 보강되었다.[288] 19세기 말에 이르러 헨리 시즈위크는 고전적 자유주의를 총괄적으로 요약하면서 신로마적 자유론을 관통하는 오류는 논쟁거리도 되지 못하는 것으로 선언할 수 있다고 생각했다. 시즈위크가 『정치의 기초 원리들』에서 처음 상기시킨 사실은 개인의 자유에 대해서 말하는 것이 어떤 행동에 대한 외부적 방해의 부재에 대해 말한다는 것이다. 그리고 그 외부적 방해는 '물리적 강압 혹은 제약'의 형태이거나 '고통스러운 결과에 대한 공포'를 유발시켜 그 행동을 못하게 하는 강압적 협박의 형태로 나타난다는 말이다.[289] 이 점이 이해된다면, 시민의 자유는 오로지 자유국가 안에서만 가능하다는 말은 단지 '자유라는 단어의 일상적 사용이 야기하기 쉬운 혼동'에 빠진 것임을 알 수 있다. 진실로 개인의 자유와 정부의 형태는 그 어떤 필연적 연관성도 없다는 것이다. 왜냐하면 대의제적 입법이 절대주의 왕국보다 더 광범위하게 개인의 자유로운 행위를 간섭할 수 있다는 것이 실제로 가능하기 때문이다.[290] 이러한 고전적 공리주의 원리를 반복하면서, 시즈위크는 신로마적 이론은 마침내 영면의 길로 접어들었음이 명백하다고 생각했다.

자유와 역사가

지금까지 시민적 자유에 대한 특정한 한 이론에 대해서 이야기
해왔다. 그러나 내가 지금까지 해온 것처럼 간략하게 그리고 어
떤 프로그램에 의해 이야기할 때, 그것은 역사가로서 내가 하는
작업이 그 기초가 되는 원리를 명확히 예증하기보다는 어렴풋이
드러내는 데 그칠 위험성을 명백히 지니고 있다. 그래서 나는 다
음과 같은 점을 강조해야 할 것 같다. 즉 내가 예증하려고 했던
원리 가운데 하나는, 지성사가들은 단지 혹은 주로 이른바 고전
적 저작이라고 불리는 정전에만 초점을 맞추지 말고, 좀더 폭넓
은 전통과 사고의 얼개 안에서 그러한 저작들이 차지하고 있는
위치에 더 초점을 맞추어야만 지성사가로서의 임무를 잘 수행한
다고 할 수 있으리라는 것이다.

이러한 접근은 내가 1960년대 초 대학원 학업을 시작했을 시
기의 주류적 접근과는 대조적인 것이었다. 당시에는 정전이라고

일컬어지는 주요 저작만이 정치사상사 연구의 고유한 연구 대상이었다. 그 이유는 그러한 저작들이 정치적 사고 그 자체에 대한 결정적이고도 영원한 질문을 제공할 수 있으리라고 기대하기 때문이라고 사람들은 주장했다. 도덕이론 혹은 정치이론에 대한 역사적 연구가 그 어떤 의미라도 지니려고 한다면, 그것은 현재의 사회와 정치에 대한 일반적인 질문에 대해서 그 어떤 통찰력이라도 제공할 수 있는 고전적 저작에서 그 의미를 끌어내는 형식을 취해야 한다는 믿음이 광범위하게 퍼져 있었던 것이다. 그러한 고전적 저작들은 바로 그런 이유로 전유되고 연구되기 위해 존재하고 있었던 것이다.[291]

내가 이 문제에 대해 걱정을 시작하기 오래전에, 이러한 주장의 기본적 전제에 의심을 품은 많은 학자들이 등장했다. 좀더 자세하게 들여다보면, 도덕이론 혹은 정치이론의 역사에서 가장 탁월한 연구조차도 그와 같은 의문을 제기했다고 보기에는 명확하지가 않다. 물론 그와 같은 의심을 최소화시키는 방식으로 정전을 구성하는 일은 가능했다. 나는 아직도 콜링우드의 『자서전』을 처음 읽으면서 내가 얼마나 깊은 인상을 받았는지 기억하고 있다. 그 책에서 콜링우드는 철학의 모든 분야의 역사에서 주제가 된 문제는 고정되어 있지 않은데, 그 이유는 답뿐만 아니라 문제도 계속해서 변하기 때문이라고 주장했다.[292] 그러나 나는 학부 2학년 시절, 피터 라슬렛이 존 로크의 『정부에 대한 두 논고』의 결정판이라고 할 수 있는 편집본을 출판했을 때 더욱더 깊은 인상을 받았다. 라슬렛이 쓴 서론에서 나는 다음과 같은 것을 알게 되었다. 즉, 존 로크의 그 책을 계약론에 대한 고전적 옹호라고 생각해도 별 탈이 없지만, 로크는 본래 찰스 2세 치하의 잉글랜드 왕권주의의 특수한 위기 상황에 관여하기 위해 그 책을 썼고 또한 1680년대 초 정치적 논쟁의 스펙트럼 속에서 분명한 자기 입장을 가지고 있었다는 것을 알지 못한다면 그 책에 대해 이해한다는 것은 무망한 일이라는 것이다.[293]

1960년대 말부터 그와 비슷한 생각을 하고 있던 다른 많은 학자들이 케임브리지대학교를 도덕과 정치 사상의 연구를 좀더 역사적인 접근을 시도하는 중심지로 만들었다.[294] 이러한 접근이 인기를 얻어가면서 나온 긍정적인 결과 가운데 하나가 기존의 정치사로부터 정치이론사를 격리시키던 벽이 허물어지기 시작했다는 것이다. 그 벽은 대부분 정치사의 한 완고한 세대가 만든 것이었고, 그 세대의 가장 탁월한 역사가는 루이스 네이미어였다. 네이미어는 정치이론들은 기껏해야 정치적 행위를 사후에 정당화시켜주는 일밖에 할 수 없는 것이라고 확신한 듯하다. 그는 정치적 행위를 설명하려면 그 설명은 '기저에 흐르고 있는 감정들, 즉 음악의 수준에서 찾아야 한다고 주장했다. 사상은 단지 그 음악의 대사에—종종 매우 질이 떨어지는 대사에—불과하다'는 것이다.[295] 허버트 버터필드와 같은 네이미어의 비판자들에게 가능했던 반박은 '관념은 종종 공적인 사건의 결과라기보다는 원인이었다'는 액튼의 유명한 언명으로 돌아가는 것이었다.[296] 그러나 이

러한 반응은 당연히 네이미어와 그의 추종자들의 조소를 불러일
으켰다. 정치적 행위가 실제로 그것을 정당화시키는 데 이용된
원리에 의해 유발된다는 가정은 증명할 수도 없고 단순하기 짝이
없다는 것이다.[297]

　이러한 난관을 돌파할 수 있도록 지성사가들을 도와준 사람들
가운데 가장 큰 영향력을 행사했던 (지금도 행사하고 있는) 목소리
는 바로 존 포콕의 목소리였다. 그는 대학원 경력을 케임브리지
에서 허버트 버터필드의 제자로 시작했다. 누구보다도 포콕이 우
리 세대에게 정치이론사를 정전이라고 전해지는 저작에 대한 연
구로서가 아니라, 차라리 사회가 그 안에서 자신에게 이야기하는
정치적 언어의 변화에 대한 좀더 폭넓은 탐구로 생각하라고 가르
쳐주었다.[298] 일단 이러한 유리한 위치에 도달한 다음에는 정치와
정치이론에 대한 연구를 새롭고 좀더 유익한 방식으로 관련시키
는 것이 가능해졌다. 그러한 관련성 가운데 하나가―내가 각별히
관심을 가져왔던 것인데―정치에서 가능한 행위는 일반적으로
정당화가 가능한 행위에 의해 제한을 받는다는 사고에서 유래한
다. 그러나 무엇을 정당화하고 싶은 것인가 하는 문제는 현존하
는 규범적 원리하에서 그럴듯하게 행할 수 있는 행위가 어떤 과
정을 거치는가에 달려 있다. 그러나 이것은 사람들이 표방한 원
리들이 동기가 아니라 다만 행위의 합리화로 작동한다고 하더라
도, 그 원리들은 성공적으로 추구할 수 있는 일련의 행위를 형성
하고 제한하는 데 도움을 준다는 것을 은연중에 의미한다. 따라

서 왜 특정 시기에 특정 정책이 선택되고 또 특정 방식으로 구체
화되고 추구되었는지를 설명하려 한다면 어쩔 수 없이 그러한 원
리들이 존재했다는 것을 상기시킬 수밖에 없다.[299]

　나와 같은 지성사가들에게 우리의 연구를 이른바 ‘진정한real’
역사라고 했던 것과 좀더 밀접하게 관련시킬 수 있었던 것은 놀
랄 만한 발전으로 보였다. 나는 그러한 발전의 결과 가운데 하나
가 지성사를 좀더 일반적인 관심을 연구하는 것으로 여겨지게 한
것이라고 생각한다. 제프리 엘튼이 1991년 『본질로의 회귀』에서
이러한 새로운 동향을 기술한 것처럼, 관념의 역사가 “갑자기 부
엌의 식기실에서 나와 만찬 후의 휴식실로 격을 높여 옮겨갔
다.”[300] 그러나 많은 도덕과 정치이론의 연구자들에게는 그러한
역사적 접근은 하나의 배신으로 보였다. 우리 연구의 가치는 고
전적 저작들의 위대한 흐름 속에서 영원한 관심사를 끌어내 보여
주는 것이라고 생각했기 때문이다.[301] 그러한 저작들은 그 내용이
변화하는 환경에 따라 변하는 좀더 광범위한 정치적 담론의 한
요소로 보아야 한다고 주장하면 할수록, 더욱더 우리의 연구는
그들의 주장을 배제하고 있는 것처럼 보였을 것이다. 나를 비판
하는 학자들 가운데—그런 학자들은 나를 고민하게 만들 만큼 제
법 많은 수의 집단인데—몇몇은 더 나아가 내가 ‘학문적 호고주
의’에 빠졌다고 비난하기도 하고,[302] 그러한 접근은 단지 ‘먼지가
수북이 쌓인 호고적 관심’을 만족시키는 데 그칠 뿐이라고 비난
한다.[303]

이러한 반응은 우리를 우울하게 만드는 역사적 탐구에 대한 속된 견해를 전제로 한다. 그들은 과거에 대한 지식이 현재의 직면한 문제들을 해결하는 데 도움을 주어야만 추구할 가치가 있다고 말한다. 홉스의 『리바이어던』은 퍼셀의 오페라나 『실낙원』처럼 17세기 문화가 만들어낸 것에 지나지 않는다는 주장을 반박하고 싶은 감정도 느낄 수 있을 것이다. 그러나 누구도 후자와 같은 예술작품들이 새로운 천 년을 맞이하여 우리가 어떻게 살아야 하는지를 말해줄 수 없다고 해서 아무런 가치가 없다고 생각하지는 않는다.

아마도 이러한 미학적 반응이 올바른 반응일 것이다. 그리고 아마도 이것이 역사가, 즉 잃어버린 시간의 구원자의 진정한 감수성이라고 할 수 있다. 그러나 나는 결코 그것에 만족한 적이 없었음을 고백한다. 우리는 반드시 지금 여기서 우리가 수행하는 역사연구의 실제적 효용성이 과연 무엇인가 하는 질문을 우리 자신에게 공격적으로 해야만 한다고 생각한다. 여기에 역사연구가 자연적 호기심을 만족시킨다는 대답은 절대로 적절하지 않다. 그리고 또한 액튼이 한때 그랬던 것처럼, '우리의 연구는 결코 목적 없이 수행되어서는 안 된다'고 제시하는 것은 위험한 방종적인 태도처럼 보인다. 우리 문화처럼 '적합성'에 대한 실리적인 견해에 매달리는 문화에서는 특히 그렇다.[304] 호고주의라는 비난은 한마디로 말해 나를 심히 괴롭히는 비난이다. 또한 나는 그것이 모든 역사가들이 적어도 자신들의 양심을 만족시키기 위해서라도 늘 대답을 준비하고 있어야 하는 비난이라고 생각한다. 우리는 반드시 무엇이 대답의 핵심이어야 하느냐는 질문을 회피해서는 안 되며 특히 우리 자신에게 그것을 묻지 않으면 안 된다.

그렇다고 해서 내가 지금 역사가들은 그들의 시간을 어떻게 보내야 하는가에 대해 논하겠다는 것은 아니다. 과거에 대해 관심을 가져야 하는 진지한 이유들이 있는 만큼, 많은 유의 역사가 존재한다. 그리고 그러한 관심을 추구하는 합리적 방법들이 있는 만큼 역사탐구의 많은 다양한 기술들이 존재한다. 역사연구의 핵심적인 것과 주변적인 것을 가르고 또 어떤 종류의 역사연구를 다른 종류의 역사연구보다 우위에 둘 수 있는 그 어떤 정당한 이유도 없다. 그래서 나는 역사가들이 무엇을 해야 하는지에 대한 어떤 일반적 관심이 존재하는지도 알지 못한다.[305] 다만 내가 아는 것은, 역사가들은 그들의 능력이 허락하는 한 진지하게 과거에 대해서 서술하려고 계속 노력해야 한다는 것뿐이다. 그렇게 하면 내가 서술하려고 하는 바로 그런 유의 지성사의 경우에서 그 문제에 대해 무엇인가를 말할 수 있으리라고 희망할 뿐이다. 그러나 이제 그것에 대해 무엇인가를 말하며 이 책을 끝마치도록 하자.

나는 서두에서 국가가 그 대표들이 그 이름으로 주권을 소유하도록 권한이 부여된 인공적 법인이라는 개념의 출현을 이야기하며 글을 시작하였다. 17세기 이래 이 개념은 근대 서양의 정치적 자기 인식과 실천의 중심에 자리를 잡아왔다. 그러나 이제 다시 한번 문제를 제기하자. 국가를 대표한다고, 그리고 그 대표들에게 권한을 부여한다고 말할 때, 정녕 그것은 무엇을 의미하는가? 국가를 하나의 행위자(혹은 행위 주체)라고 말할 때, 도대체 그것은 무엇을 의미하는가?

우리는 대부분이 질문에 대해 제대로 알지 못하고 있는 듯하다. 우리는 하나의 이론을 물려받아 계속해서 그것을 적용하면서도 그것에 대해 실제로는 잘 모르는 것 같다.[306] 만약 그렇다면 우리의 이해를 개선시킬 수 있는 방법은—아마도 유일한 방법은—정치에 대한 이러한 방식의 사고가 처음으로 뚜렷하게 나타나고 발전되던 역사적 시점으로 돌아가는 것이다. 그렇게 해야만, 아직도 우리가 의존하고 있는 그 개념이 처음에는 어떻게 정의되었는지, 무슨 목적을 위해 그 개념을 사용하려고 했었는지, 공적 권력에 관한 어떤 견해에 근거를 제공하기 위해 그것을 사용하였는지를 알 수 있을 것이다. 이렇게 하면 우리가 지금 무의식적으로, 더 나아가서는 잘 알지도 못하면서 계속 사용하는 일련의 개념들을 확실히 인식할 수 있을 것이다. 한마디로 말해 이 문제뿐만 아니라 현재 처해 있는 도덕적 정치적 상황의 여러 국면들에 대해서 이해할 수 있으려면 우리는 지성사가가 될 필요가 있다고 말해도 될 듯하다.

이러한 생각이 전혀 생소한 것은 아니다. 메이틀랜드가 마지막으로 쓴 그리고 가장 눈부신 글들은 바로 이러한 생각에서 고무

된 것이었다. 그는 법인이론을 탐구했는데,[307] 특히 왕과 국가 자체를 포함하여 영국 헌정 체제의 기초가 되는 '단독 법인'들을 탐구했다.[308] 나는 정치사상사가로서 메이틀랜드의 위대성을 언급할 수 있어 기쁘다. 그러나 나는 우리의 지적 유산에서 발견되는 그러한 연속성보다는 불연속성에 더 많은 관심을 가지고 있다고 고백해야 할 것 같다. 결국 연속성은 언제 어디서나 존재하는 것이기 때문에, 우리는 과거가 거울 같은 것이고 과거에 대한 연구는 그 거울에 비친 우리를 보고 우리들의 가정과 편견을 성찰할 수 있는 수단이기에 가치가 있다고 너무나 쉽게 생각해왔다. 그러나 불연속성은 가끔 주목을 끌 뿐이다. 한순간 돌에 새겨진 가치가 다음 순간에는 공기 중으로 녹아버리는 것이다. 이 진리를 알기 위해서 왕 중의 왕이라고 자신을 돌에 새겼지만 지금은 폐허가 된 람세스 2세의 유적에 찾아갈 필요는 없다. 예를 들어 파리의 가르니에 오페라 극장 정면에 존경하는 마음으로 새겨진 위대한 작곡가들의 이름만 보아도 된다. 바흐, 모차르트, 베토벤, 스폰티니……. 문화적 영웅에 대해서 그런 것처럼, 우리의 가치와 실천 가운데 많은 것들도 마찬가지 운명이다. 그것들은 시간의 모래에 너무나 쉽게 파묻힐 수 있는 것들이다. 그렇기에 우리는 그것들을 발굴하고 다시 생각할 필요가 있다.

내가 지금 진지하게 토로하려는 생각은 우리가 역사적 기록을 조사하고 탐구한다면 현재 가지고 있는 그 어떤 가정과 믿음에서 뒤로 물러서서 그것을 다시 평가할 수도 있으리라는 것이다. 이러한 설명을 통해 마지막으로 말하고 싶은 것은, 과거의 현재적 가치 가운데 하나가 우리가 더이상 동의하지 않는 가치와 우리가 더이상 묻지 않는 질문의 저장고로서의 가치라는 것이다. 지성사 가들이 여기에 대응하는 것은 일종의 고고학자로서 행동하는 것 이다. 묻혀 있는 지적 보물들을 표면으로 끌어내고 먼지를 털어 낸다면 우리는 그것에 대해 우리가 생각했던 것을 다시 평가할 수 있다.[309]

나는 이 책의 초반부에서 그러한 발굴을 시도했다. 내가 자유 시민과 자유국가의 신로마적 이론이라고 명칭을 붙인 것의 구조 를 들춰내고 동시에 그 논리적 통일성을 옹호했던 것이다. 나는 그 이론은 그 자체로서 이미 흥미로운 것이라고 생각한다. 그러 나 강압적인 방해의 부재를 자유로 생각하는 자유주의의 소극적 자유론에 의해 그것이 결과적으로 밀려나게 되었다는 생각을 하 면 흥미는 더해진다. 현대 정치철학에서 자유주의 이론이 헤게모 니를 장악하는 위치에 오르면서, 신로마적 이론은 시야에서 너무 나 멀리 사라져 오로지 자유주의적 분석만이 관련된 개념들에 접 근할 수 있는 유일한 논리정연한 방법이라는 생각이 널리 퍼진 것이다.

이러한 주장의 가장 중요한 예로서 그 문제에 대해 우리 시대 에 출간된 단 하나의 가장 중요한 책이 바로 아이제이아 벌린의 『자유의 두 개념』이다. 벌린은 그 자신을 '자유라는 관념의 본질' 을 해명하고 동시에 '용어의 혼동'에서 벗어나게 해주는 순수한 철학적 작업만 하는 사람이라고 소개한다.[310] 그는 우리가 피해야 할 용어의 혼동 가운데 중요한 것 하나가 자유를 평등 혹은 독립과 같은 동류 개념과 혼동하는 것이라고 주장한다. 왜냐하면 이런 종류의 비철학적인 혼동은 '진리에 아무런 봉사도 하지 않는다'는 것이 명백하기 때문이다.[311]

그렇다면 무엇이 진리인가? 그가 분석한 두 개념 가운데 '좀더 진실되고 좀더 인간적인 이상'은 '내가 원하는 바를 행하는 것을 다른 사람이 방해하지' 않는 한에서 자유는 구가될 수 있다는 것을 명확히 하는 개념이라고 확신한다.[312] 따라서 그에 의하면, 자유는 기본적으로 강제와 반대된다. 강제란 '내가 무엇을 행하려고 하는 영역 안에서 타인이 고의적으로 방해하는 것을 의미한다.'[313] 그리고 이러한 정의에서 자유에 대한 많은 혼동은 정리될 수 있고 그것은 모든 사람에게 이익을 가져다준다. 그 혼동 가운데 하나는 정치적 혹은 사회적 종속에서 해방을 요구하는 사람들이 퍼뜨리고 있다고 그는 주장한다. 그들은 사회적 자유라고 잘못 불리는 것을 요구하고 있다. 그들의 오류는 강제적 간섭을 종식시키는 것과는 다른 그 무엇을 요구한다는 것이다.[314] 좀더 심각한 혼동은, 개인의 자유는 자치 국가 안에서만 가능하다는 믿음에서 기인한다. 자유가 간섭의 부재로 가장 잘 이해될 수 있음을 알았다면, 이러한 가치의 보존은 권위를 누가 행사하느냐가 아니라, 단지 그 누구의 수중이든지 얼마나 많은 권위가 부여되었느냐에 달려 있음을 알 수 있다는 것이다.[315] 이것은 소극적 자유가 '어떤 종류의 전제와는 양립 가능하고 자치의 부재와도 양립 가능하다'는 것을 보여준다.[316] '개인의 자유와 민주주의적 지배 사이에 그 어떤 필연적 연관성'이라도 가정한다면, 그것은 잘못이라는 것이 그의 주장이다.[317]

이러한 주장에 직면하여, 앞에서 내가 착수한 발굴 행위는 부가적 의미를 갖게 된다. 벌린의 비판은, 소극적 자유는 단지 강제적 간섭에 의해서만 위험해진다는 전제에 의존하고 있다. 이러한 주장에는 종속과 자치의 결여는 자유의 결여로 이해될 수 없다는 주장이 명백히 뒤따르게 된다. 그러나 그것은 결론이 이미 전제 안에 들어가 있기 때문에 그렇다. 내가 보여주려 했던 것은 그 전제 자체를 다시 생각해보아야 한다는 것이었다. 개인의 자유는 기본적으로 불간섭의 문제라는 가정이 바로 신로마적 이론으로 하여금 의문을 제기한 것이었다.

여기에서 이야기의 교훈을 찾을 수 있다. 그것은 우리의 지적 유산의 마법에 떨어지지 않기란 실로 지난한 일이라는 것이다. 우리의 규범적 개념들을 분석하고 성찰하면서, 그것에 대해 지적 전통의 주류가 우리에게 물려준 사고방식이야말로 바로 그것에 대한 사고방식이어야 한다고 믿게 하는 마술에 우리는 쉽게 넘어간다. 그러한 마술의 한 요소가 높이 평가받아야 하는 벌린의 진술 안에도 침투한 것처럼 보인다. 벌린은 우리가 개념들을 철학적으로 분석하면 자유의 본질에 대해서는 그렇게밖에 말할 수 없음을 자신의 중립적인 연구가 보여주었다고 생각한다. 그러나 그

의 분석은 고전적 자유주의 이론가들이 자유국가에 대한 신로마
적 이론을 불신시키려고 노력하면서 추구했던 것과 같은 길을 그
대로 가고 있다는 것은 두말할 나위도 없다.

이러한 사실은 이제 두번째 교훈을, 그리고 아마도 내 이야기
를 장식하는 좀더 인상적인 교훈을 보여준다. 철학의 역사는, 특
히 도덕적, 사회적, 정치적 철학의 역사가 우리가 너무 쉽게 마술
에 빠지는 것을 막기 위해 존재한다는 것이다. 지성사가는 우리
의 현재 생활 방식에 구현된 가치들이, 그리고 그러한 가치들에
대한 우리의 현재 사고방식이 서로 다른 가능한 세계를 놓고 서
로 다른 시대에 취해진 일련의 선택을 어디까지 반영하고 있는지
를 평가할 수 있게 우리를 도와줄 수 있다. 이러한 인식은 그러한
가치들에 대한, 그리고 그것이 어떻게 해석되고 이해되어야 하는
지에 대한, 헤게모니적 설명의 손아귀에서 우리를 해방시켜주는
것을 도울 수 있다. 가능성에 대한 폭넓은 감각을 갖춘다면, 우리
는 물려받아 발들여놓고 있는 지적 상황에서 뒤로 물러나, 그것
에 대해 어떻게 생각해야 하는지를 새로운 탐구 정신으로 물을
수 있다.

그렇다고 해서 과거를 지금과는 다른 가치의 저장소로 이용하
여 의심하지 않아도 되는 현재 상황에 그것을 부당하게 적응시키
라는 것은 아니다.[318] 지성사의 연구가 내가 주장해온 그런 유의
가치를 가질 수 있다면, 현재의 가치와 겉보기에는 우리와 맞지
않는 조상들의 가정이 어느 정도 조화를 이룰 수 있는 좀더 깊숙

한 층위가 존재할 것이다.[319] 나는 지성사가는 도덕주의자가 되어야 한다고 주장하지는 않는다. 나는 인류의 범죄와 광기 그리고 불행을 다룰 때 열광과 분노에 빠지지 않고 초연하게 연구하려는 역사가들이 존경스러울 뿐이다. 내가 주장하는 것은 지성사가들은 독자들에게 현재의 가치와 믿음에 대해 판단하는 데 적합한 정보를 제공하고, 그들이 나름대로 그것을 반추할 수 있도록 내버려둘 수 있어야 한다는 것이다. 여기서 나는 니체의『도덕의 계보』에 나오는 한 구절을 마음에 떠올린다. 거기서 니체는 우리에게 자신의 철학을 이해하려면 '소가 될 필요가 있다'고 충고하고 있다.[320] 소처럼 반추할 수 있어야 한다는 것이다.

나는 이렇듯 지성사가들이 단지 자신들의 몫만 열심히 해낸다면 호고적 흥밋거리를 훨씬 뛰어넘는, 그 이상을 만들어낼 수 있다고 본다. 지성사가들이 우리의 지적 유산 가운데 종종 소홀히 취급했던 귀중한 것들을 들추어내어 다시 한번 그것들을 볼 수 있게끔 해준다면, 그것만으로도 그들은 충분한 역할을 해낸 것이다. 나는 이 책에서 그러한 대상 하나만을 발굴할 수 있었다. 그러나 나는 그것이 가치 있는 대상이었다고 믿는다. 왜냐하면 그것은 자유국가의 성격에 관한 우리의 물려받은 사고의 전통과는 모순되는 것을 보여주기 때문이다. 그 논쟁의 양편 모두 국가의 주된 목표 가운데 하나가 개별적 시민들의 자유를 존중하고 보존하는 것이라는 데 동의한다. 또한 시민이 그 어떤 부당하거나 혹은 불필요한 간섭도 받지 않고 그들이 선택한 목표를 추구할 수 있도록 보장함으로써 국가는 그 약속을 지킬 수 있다고 주장한다. 하지만 내가 발굴한 목소리도 그것만으로는 충분하지 않다고 주장한다. 왜냐하면 국가는 언제나 그렇게 해주는 것과 동시에, 시민들이 피할 수도 있는 것임에도 불구하고 타인의 선의에 종속되는 것을 막아줄 필요가 있기 때문이다. 국가는 시민들을 그러한 인신적 착취와 종속에서 해방시킬 뿐만 아니라, 우리의 일상생활을 지배하는 규칙을 부과하는 과정에서 그 규칙을 제정하고 집행하는 자들이 그 알량한 권위를 내세워 자의적으로 행세하지 못하도록 할 의무가 있다.

내가 주장한 것처럼, 근대에 들어와 서양에서는 이러한 첫번째 입장은 기꺼이 받아들이면서도 두번째 입장은 대체로 접어두고 있었다. 이러한 결과가 나타난 데에는 명백하게 충분한 이유가 있었다. 그러나 나는 이 책에서 그것이 선택의 문제였지 필연적인 것은 아니었음을 보여주려 하였다. 우리의 선택은 과연 옳은 것이었는가? 내가 발굴한 신로마적 자유를 반추하면서 독자들은 이 문제에 대해 스스로 답해보기를 바란다.

보론: 로크의 자유론

-

조승래

I. 머리말

로크는 일반적으로 자유주의의 기초를 마련한 정치사상가로 평가되고 있다. 특히 그의 『정부론』은 17세기 이후 대두한 강력한 주권 국가 안에서 어떻게 개인의 권리가 담보될 수 있는지를 이론적으로 설파한 자유주의의 경전으로 평가되어왔다.[1] 최근 정치사상사 학계와 정치철학계의 일반적 합의에 의하면 자유주의의 핵심적 원리는 그 독특한 소극적 자유론이라고 할 수 있다. 즉 자유주의는 자유를 국가나 타인의 외부적 방해와 간섭의 부재에 한정시킴으로써 개인의 사적 영역을 불가침의 영역으로 성역화한다. 이 논문은 과연 로크가 이러한 소극적 자유론을 논의했는지를 검토하려고 한다. 그 이유는 로크를 자유주의자로 보는 학계의 정설에도 불구하고 각별히 그의 자유론에 대해 집중

존 로크(1632~1704)의 초상화와 친필 서명.

적으로 심도 깊게 연구한 논문이나 저서를 거의 찾아볼 수 없기 때문이다.

지난 세기 60년대 이후 치열하게 전개된 자유론에 대한 논의를 격발시킨 옥스퍼드의 지성사가 아이제이아 벌린이 소극적 자유론을 서구 사회가 반드시 수호해야 할 자유주의적 가치라고 강변했음에도,[2] 자유주의 연구자들은 로크의 자유론에 대해서는 이상하게도 침묵으로 일관했다. 오히려 자유주의의 소극적 자유론의 원조로서 홉스를 공통적으로 꼽고 있는 것이 최근 학계의 일반적 경향이다. 그런데 자유주의에 대한 대항 담론으로 등장한 공화주의의 연구자들이 자유론에 대해 논의하면서 로크를 언급한 대목이 이채롭다. 놀랍게도 공화주의의 대표적인 연구자들인 필립 페티트와 퀜틴 스키너가 각각 로크의 자유론에 대해 상반된 해석을 제시하고 있다. 전자는 '비지배로서 자유'라는 공화주의의 자유론을 로크에서 발견할 수 있다고 적극적으로 평가하고,[3] 후자는 '비지배로서 자유'는 그 어떤 지배자의 특권도 용인해서는 안 되는데 로크는 17세기 공화주의자들과 달리 그것을 용인하고 있다고 비판한다.[4]

이 논문은 이러한 점에 착안해 로크의 자유에 대한 논의를 분석하고 그것이 자유주의의 소극적 자유론과 어떻게 다른지 지성사적으로 검토할 것이다. 이를 위해 먼저 17세기 잉글랜드의 자유론의 맥락 안에서 로크의 자유론을 다른 사상가들의 그것과 비교하려고 한다. 그다음 현대 자유주의 사상가들의 소극적 자유론과도 비교하려고 한다. 그리고 로크의 자유론에 대한 공화주의자들의 해석을 검토하여 로크의 지성사적 위치를 자리매김하려고 한다.

II. 17세기 잉글랜드의 자유론

주지하다시피 17세기에 들어와 잉글랜드는 혁명을 겪으면서 다양한 정치적 담론들을 쏟아냈다. 그 가운데 자유에 관한 담론들은 의회파의 공화주의직 담론과 왕당파의 소극적 자유론으로 나뉘어 대립하는 양상을 띠었다. 의회파의 공화주의적 담론의 대표적인 발화자는 바로 존 밀턴이었다. 그는 다음과 같은 전제 위에 그의 자유론을 전개한다. 우선 모든 인간은 자유롭게 태어났다. 그런데 왜 우리는 정당성을 지닌 정부에 복종해야 하는가? 그것은 공공의 안녕과 공동선을 더 잘 보장받기 위해 계약을 통해 정부를 형성하기로 동의했기 때문이다. 따라서 지배자에게 절대권을 이양한 정치적 계약은 애초부터 존재할 수 없다. 만약 지배자가 우리의 이익에 반하는 행위를 한다면 우리는 자동적으로 복종을 중지하고 우리의 뜻대로 그를 해임할 수 있다.[5]

그는 이러한 생득권으로서 자유는 신이 자신을 모방해 창조한 인간에게 부여한 특권이라고 주장한다. 그리고 그것은 지배하라는 것이지 복종하라는 것이 아니라고 단언한다.[6] 그리하여 신은 구약에 나타난 대로 자신이 선택한 민족에게 왕국이 아닌 공화국을 만들어 역사를 시작하게 했다는 것이다.[7] 여기서 생득권으로서 자유는 자연스럽게 고전적 의미의 자유로 이어진다. 즉 자유는 자치라는 것이다. 그리하여 그는 자신을 스스로 지배할 수 없고 타인의 지배를 받겠다는 것은 정의와 자연에 위배된다고 선언한다. 왜냐하면, 로마법에 나와 있듯이, 자신을 스스로 지배할 수 있는 권리를 타인에게 양도하겠다는 것은 곧 타인의 선의에 의존해 사는 노예가 되겠다는 것이기 때문이다. 따라서 그렇게 권리를 양도받은 정부와 지배자가 불법적인 행위를 하지도 않고 관용을 베푼다고 하더라도 이미 징벌적 지배권을 소유하고 있는 한 시민들은 노예가 될 수밖에 없다.[8] 즉, 직접적인 위해를 당하지 않아도 이미 자유를 상실한 상태라는 것이다.

밀턴은 자신의 이러한 생각이 아리스토텔레스와 키케로의 생각을 이어받은 것이라고 토로하면서 그들이야말로 가장 신뢰할 수 있는 권위를 지니고 있다고 찬양한다. 그는 직접 키케로의 반(反)안토니우스 연설의 한 구절을 인용한다. "노예로 사는 것을 거부하는 투쟁보다 더 정의로운 전쟁의 대의가 어디에 있는가? 우리가 처해 있는 조건에서 가장 사악한 일은 지배자가 당장은 억압적이지 않더라도 그가 그렇게 하기로 선택만 한다면 그렇게 할 수 있다는 것이다."[9] 이를 통해 밀턴이 말하려고 했던 것은 자유는 간섭과 위해의 부재가 아니라 지배의 부재라는 것이다. 즉 간섭과 위해를 당하지 않아도 언제라도 그렇게 할 수 있는 타인의 지배 아래 있다면 자유인이 아니라 노예라는 것이다. 다시 말해 노예가 인자한 주인을 만나 간섭받지 않는다고 해서 자유롭다고 할 수 없다는 것이다. 그렇다면 지배의 부재로서 자유는 어떻게 누릴 수 있는가? 밀턴은 그것은 오직 '공동의 자유' 혹은 '자유 정부' 안에서만 가능하다고 주장한다.[10]

이러한 공화주의적 자유론에 반대한 대표적인 인물이 바로 홉스였다. 그는 그 유명한 『리바이어던』에서 신민의 자유를 논하면서 우선 자유라는 단어의 의미를 정확히 규정해야 한다고 주장한다. 자유는 외부적 간섭과 방해의 부재를 뜻할 뿐이지 그 외에 다른 뜻은 결코 아니라는 것이다.[11] 따라서 자유로운 인간이란 자신의 의도에 따라 외부의 간섭도 방해도 받지 않고 무엇인가를 할 수 있는 인간을 말한다. 예를 들어 설명하면, 환자가 병실에서 나올 수 없는 것은 자유를 누릴 수 있는 힘이 없어서 못 나오는 것이지 자유가 없어서 못 나오는 것은 아니다. 반면에 죄수가 감옥에서 나올 수 없는 것은 나올 힘은 있지만 자유가 없어서 못 나오는 것이다. 자유와 자유를 누릴 수 있는 힘과는 구분되어야 한다. 홉스는 자유는 하고 싶은 것을 못하게 하는 것(예를 들어 죄수의 경우)과 하고 싶지 않은 것을 하게 하는 것(예를 들어 노예의 경우)의 반대이지 그 이외의 뜻은 없다고 강조한다.[12]

홉스의 이러한 주장은 바로 혁명기의 고전적 공화주의에 대한 비판의 맥락에서 나온 것이다.[13] 그는 아리스토텔레스, 키케로와 같은 고전시대의 민중 국가 옹호자들은 자유를 지배와 동일시하였다고 비판한다. 그리하여 그들의 저작을 어렸을 때부터 읽어 온 인간들은 자유는 오로지 고대 그리스 폴리스나 로마 공화국과 같은 민중 국가 혹은 민주제 아래에서만 가능하고 그 이외의 모든 국가는 전제국가요, 폭정이라는 망상에 젖게 되었다는 것이다. 그 결과, 난동과 방종 그리고 주권 침해라는 악행을 저지르게 되고 많은 양의 피만 흘렸을 뿐 혁명을 통해 인간들이 얻은 것은 아무것도 없었다고 그는 개탄한다. 인간을 다시 자연 상태와 같은 비참한 전쟁과 공포의 상태로 내몬 혁명은 바로 고전적 공화주의 저술에 대한 일반적 독서의 결과였으며 그것은 지배하는 자만이 자유롭다는 잘못된 생각이 가져온 참극이었다는 것이다.

과연 고대의 공화국과 같은 민중 국가의 신민들만이 자유롭고 왕국의 신민들은 모두 노예일까? 홉스의 자유론은 바로 이 물음에 대한 답이었다.[14] 홉스에 의하면 인간이 신민이 된다는 것은 국가 주권에 의해 제정된 법에 의해 안전을 보장받으면서 사는 것을 의미한다. 다른 말로 하면, 국가의 신민으로 산다는 것은 법에 종속해서 산다는 것이다.[15] 그런데 자유는 간섭과 방해의 부재를 뜻하는데 법도 인간의 행동을 간섭하고 방해한다. 따라서 신민의 자유라는 것은 법이 간섭하지 않고 방해하지 않는 행위를 할 수 있는 것뿐이다. 즉 신민의 자유에 대해서 논한다는 것은 바로 법의 침묵에 대해서 논하는 것일 뿐이다.[16]

이러한 신민의 자유는, 그 신민이 왕국에서 살든지 민중 국가에서 살든지 간에, 매한가지라는 것이 바로 홉스의 결론이다. 이탈리아의 도시 공화국 루카의 탑에 자유라는 글자가 새겨 있다고 해서 그곳 사람들이 콘스탄티노플에 사는 사람들보다 더 자유롭다고 생각할 수는 없다는 것이다. 루카와 같은 공화국을 '자유국가'라고 고전시대 사상가들이 찬양하는 것은 참으로 부조리하다고 홉스는 야유한다. 자유가 간섭과 방해의 부재를 뜻하는데, '자유국가'라고 한다면 그것은 아무도 서로에게 의존하지 않고 자신의 의도대로만 살아가는 인간들의 국가를 말하는가? 법이 없는 국가가 도대체 가능하다는 말인가?[17] 결론적으로 홉스의 주장은 자유는 어떤 국가에서든지 단지 법이 끝나는 곳에서부터 시작될 뿐이라는 것이다. 그리고 이것은 당시 반혁명의 담론들에서 공통적으로 나타나는 주장이었다.

이러한 홉스의 소극적 자유론은 혁명을 옹호하는 공화주의자들의 빈축을 샀다. 대표적으로 해링턴은 법으로부터의 자유와 법에 의한 자유는 다른 것이라고 일축한다. 그는 홉스가 말한 바 있는 루카와 콘스탄티노플의 자유를 예로 들면서 그 확연한 차이점을 설명한다. 해링턴의 논지에 따르면 루카의 법은 그 시민들을 자유롭게 하고 콘스탄티노플의 법은 신민을 제약한다. 즉 루카의 법은 자의적 권력으로부터 시민을 지켜주는 것이지만 콘스탄티노플의 법은 오히려 그것을 강화하는 것이다. 루카에서는 법이 시민의 자유를 보호하기 위해 그들에 의해 만들어졌고 콘스탄티노플에서는 그렇지 않기 때문이다. 그리하여 콘스탄티노플에서는 영주 역시 상위 영주의 의지에 따라 살아야 하는 예속 차지인이지만 루카에서는 아무리 지위가 낮은 시민이라고 해도 자유 토지보유자로서 오로지 법에 의해서만 지배받는다는 것이다. 해링턴은 루카와 같은 나라를 '자유국가'라고 부르는 이유가 바로 여기에 있다고 홉스의 주장을 반박한다.[18]

이러한 주장은 당시 공화주의자들의 담론에서 공통적으로 발견된다. 루카와 같은 자유국가의 신민들은 법을 만드는 데 참여하기 때문에 자유롭다. 왜냐하면 자신이 만든 법에 복종하는 것은 자기 자신에게 복종하는 것이기 때문이다. 이것은 곧 공동체에의 참여를 시민의 덕으로 규정하고 덕과 자유를 동일시한 고전적 공화주의 혹은 시민적 휴머니즘의 적극적 자유론인 것이다.[19] 콘스탄티노플과 같은 국가의 신민은 그러한 과정에 참여하지 않기 때문에 신민의 자유는 지배자의 의지에 달려 있다. 그것은 마치 노예의 자유가 주인의 자비에 달려 있는 것과 마찬가지다. 오로지 자신이 만든 법에 의해 자유가 보장되는 자유국가 안에서만 인간은 자유롭다는 것이다. 왜냐하면 그곳에서만 인간은 자기 자신의 주인이 될 수 있기 때문이다.[20]

해링턴의 표현대로라면 루카는 자유가 지배자의 자비가 아니라 제도적으로 보장되는 '법의 제국'이요, 콘스탄티노플은 그 반대인 '사람의 제국'이다.[21] 법의 제국에서는 법을 지키는 것이 자유이고 사람의 제국에서는 지배자의 의지인 법이 침묵하는 만큼, 즉 지배자가 자비로운 만큼, 자유롭다. 이러한 논지대로라면 소극적 자유는 바로 노예의 자유에 불과한 것이다. 아무리 자비로운 주인을 만나 소극적 자유를 누린다 한들 노예는 노예일 뿐이다. 공화주의자들에게 진정한 자유는 법을 만드는 데 참여하여 그 법에 따라 삶으로써 자기 자신의 주인이 되는 것이었다.[22]

III. 로크의 적극적 자유론

1) 법과 자유

로크의 자유론도 사유는 법과 양립할 수 없다는 홉스의 주장에 대한 17세기 공화주의자들의 반론과 궤를 같이한다. 홉스는 자유를 간섭의 부재로 정의하면서, 법은 곧 제재와 간섭이기 때문에 자유를 침해하는 것이라고 주장했다. 이에 대해 로크는 직접 반박하는 대신, 가부장권을 통해 절대 왕권을 옹호했던 로버트 필머의 자유 개념을 비판하는 방식으로 우회적으로 대응한다. 필머는 자유는 인간들이 원하는 것을 할 수 있는 것이요 살고 싶은 대로 사는 것을 의미하기 때문에 그 어떤 법에도 얽매이지 않는 것이라고 주장하면서 그런 자유란 처음부터 존재하지 않았다고 주장했다. 왜냐하면 신은 아담에게 절대적이고 무제한적 권력을 부여해 세상을 지배하게 했고 그 가부장적 지배권이 왕들에게 상속되었기 때문이라는 것이다. 따라서 그에 의하면 혁명기에 인민들이 주권자로서 누렸던 자유는 부자연스러운 자유였고 가

부장적 지배권을 가지고 있는 왕이 누리는 자유만이 자연스러운 것이다.[23]

이에 대해 로크는 다음과 같이 말한다.[24]

인간의 자연적 자유는 이 세상의 그 어떤 우월적 권력으로부터도 자유로운 것이다. 그리하여 다른 인간의 의지나 입법적 권위 아래 있는 것이 아니라, 오로지 자연법에만 따르는 것이다. 사회에서 인간의 자유는 국가 안에서 동의에 의해 수립된 입법적 권력 아래 있는 것이지, 결코 신탁을 통해 입법권을 행사하지 않는 그 어떤 의지의 지배나 법의 제재 아래 있는 것이 아니다. 그리하여 자유란 로버트 필머가 주장하듯이 인간들이 원하는 대로 하고 살고 싶은 대로 사는 것, 그리고 그 어떤 법에도 묶이지 않는 것이 아니다. 정부하에서 인간의 자유는 그 사회의 모든 인간들에게 공통적이고 그 안에 수립된 입법적 권력에 의해 만들어진 상시적 규칙을 갖고 그것에 따라 사는 것이다. 자유란 그 규칙이 금지하지 않는 한에서 내 의지에 따르는 것이요, 다른 인간의 변덕스럽고 불확실하고 알 수 없는 자의적 의지에 종속되지 않는 것이다. 그것은 마치 자연 상태의 자유가 자연법의 제재 아래에만 존재하는 것과 같다.

이러한 언명에서 로크는 자유를 단지 간섭의 부재로 보지 않았고 자유와 법이 서로 대치되는 것으로 보지 않았다는 것을 알 수 있다. 그의 이러한 주장은 앞서 본 17세기 공화주의자들의 그것과 일맥상통한다. 그는 밀턴과 마찬가지로 자유는 타인의 자의적 지배하에 있지 않은 것이라고 규정했고 해링턴과 마찬가지로 자신이 입법 과정에 참여해 만든 법에 따라 사는 것이 자유를 침해당하는 것은 아니라고 보았다.

그는 밀턴과 마찬가지로 자유를 자연 상태에서 유래된 생득권으로 규정하면서 그 본질을 자연법 그 자체인 이성이 인간에게 명령하는 평등과 독립의 상호 인정에서 찾았다.[25] 왜냐하면 "인간은 같은 종으로서 자연의 혜택을 같이 누릴 수 있는 같은 능력을 사용하도록 창조되었기 때문에 모두가 평등하고 그 누구도 타인의 수하가 되거나 종속될 수 없기 때문이다."[26] 따라서 인간들이 평등하다는 것은 누구나 그의 자연적 자유에 대한 평등한 권리를 갖고 있는 것을 말하며 타인의 의지와 권위에 예속되지 않음을 말한다.[27] 즉, 그 누구도 타인의 지배를 받아 종속적 상태에 빠지지 않는 것이 자유의 본질이라는 것이다. 이렇듯 자연법을 따르는 것이 곧 자연 상태에서의 자유라는 그의 논리는 사회 상태에서의 자유를 논할 때도 그대로 이어진다. 그는 사회 상태에서의 자유도 곧 그 사회에서 만들어진 법을 따르는 것이라고 주장한다. 그런데 이때 법은 그 구성원들의 동의를 얻은 법이다.

이는 앞서 본 해링턴의 홉스에 대한 비판과 같은 의미를 지닌다. 인민의 동의를 얻은 법은 자유를 보호하기 위한 것이라서 결코 법이 자유를 제한하지 않는다는 것이다. 로크는 자유와 법이 대치되는 것이 아니라는 점을 다음과 같이 확고하게 천명한다.[28]

법의 목적은 자유를 폐지하거나 제한하기 위한 것이 아니라 그것을 보존하고 확장시키는 것이다. (…) 법이 없으면 자유도 없다. 왜냐하면 법이 없는 곳에서는 타인의 제약과 폭력으로부터 자유로울 수 없기 때문이다. 자유는 누구든지 그가 원하는 대로 할 수 있는 것이 아니다.

(그렇다면 다른 인간들이 그를 지배하려고 한다면 누가 자유로울 것인가?)

자유는 법 아래에서 사는 인간들이 그것이 허락하는 범위 안에서 인격과 행위 그리고 소유물과 모든 재산을 그가 원하는 대로 처분하고 명령할 수 있는 것이다.

2) 로크의 자유론과 현대 자유주의 소극적 자유론과의 차이

이러한 로크의 자유론의 밑바탕에는 인간은 이성적 존재라는 그의 확고한 철학적 믿음이 깔려 있다. 그는 "탐구와 판단의 제약을 통해 이성적 행위에서 멀어져 더 나쁜 것을 선택하도록 하는 것이 자유라면 오직 미친 인간과 바보만이 자유인일 것"이라고 단언한다.[29] 자유와 법이 만나는 지점이 바로 이성인 것이다. 그는 다음과 같이 이성이 곧 자유와 법의 기초라고 강변한다.[30]

인간의 자유와 그 자신의 의지에 따라 행동하는 자유는 인간이 이성을 소유하고 있다는 사실에 기초한다. 그리고 그것이 인간에게 법 안에서 그 자신을 지배하도록 가르치고 그 자신의 의지의 자유에서 얼마나 멀리 벗어나 있는지를 알게 해준다. 이성의 지도를 따르기에 앞서 제약받지 않는 자유를 누리는 것이 인간 본성의 특권인 자유를 허락받는 것이 아니다. 그것은 자신을 인간의 상태 저 밑의 금수들 가운데로 몰아넣는 것이요, 비참한 상태에 빠지게 하는 것이다.

자유는 곧 이성에 종속되는 것과 같다는 것이다. 독실한 기독교 신자였던 로크에 의하면 그것이 곧 전지전능하고 지고의 지혜를 소유한 조물주가 부여한 인간의 고유한 기능을 수행하는 것이다.[31] 따라서 이성적인 삶을 통해 자유를 구가하는 것은 곧 그러한 조물주에 대한 도덕적 의무다.[32] 따라서 이성적으로 산다는 것은 자신의 욕망을 실현하는 것이 아니라 더 나은 선을 추구하는 것을 행복으로 받아들이는 것이다.[33] 이성은 인간에게 무엇을 해야 할 것인가를 일깨워주고 죄악으로 이끄는 욕망에서 벗어나게 해준다.[34] 로크는 이것이 바로 자유의 원천이라고 주장한다.[35] 따라서 무엇이 선이고 무엇이 악인지를 판단하고 해야 할 것을 수행하는 의무를 완수하는 것은 결코 자유를 제약하거나 감소시키는 것이 아니다. 로크는 그것이 바로 자유의 목적이라고 단언한다.[36]

로크의 이러한 주장은 자유를 단지 외부 간섭의 부재로 규정하는 현대 자유주의자들의 소극적 자유론과는 엄연히 다르다. 대표적으로 벌린은 서양의 자유주의의 핵심은 소극적 자유론이라고 강변하면서 이와 반대되는 적극적 자유론은 결국 전제와 전체주의로 이르게 된다고 비판한다. 그에 의하면 적극적 자유론의 핵심은 단지 욕망을 추구하는 저급한 자아를 극복하고 이성에 따라 삶으로써 공동선을 구현할 수 있는 고급한 자아를 실현할 때 인간은 자유롭다는 것이다. 따라서 고급한 자아의 소유자들이 저급한 자아의 소유자들을 지도하고 지배해야 한다는 논리로 이어질 수밖에 없다는 것이다. 벌린은 이러한 적극적 자유를 자기 자신의 주인이 되는 것으로 규정한다. 이때 자신은 이성에 복종하는 합리적 존재라는 명제가 전제된다. 자신이 비합리적 존재라면 자기 자신의 주인이 된다는 것은 아무런 의미도 없기 때문이다. 그것은 단지 비합리적인 욕망의 노예가 되는 것에 불과하기 때문이다. 이성적인 존재로서 자신의 진실한 생각과 의도에 따라 행동하는 만큼 자유롭고 그렇지 못하면 못한 만큼 노예가 되는 것이다.[37]

즉 소극적 자유가 자신의 외부에 간섭과 방해가 존재하지 않는 상태를 의미한다면, 적극적 자유는 자신의 내부에 이성적 존재로서 자신을 견지할 수 있는 능력이 존재하는 것을 의미한다. 적극적 자유는 비합리적이고 부도덕한 것을 행할 수 있는 자유를 원천적으로 배제하고 좋은 것을 올바른 방식으로 행해야 한다는 목적론을 내재하고 있다면, 소극적 자유는 그러한 목적론을 배제하는 다원적 개방적 개념이다. 벌린은 이러한 적극적 자유론이 소극적 자유론과 본질적으로 어떻게 다른 것인지를 자코뱅들의 자유론과 그것을 반박한 벤담의 자유론을 예로 들면서 극명히 보여주고 있다. 자코뱅들이 "그 누구도 악을 행할 자유가 없다. 악행을 저지르지 못하게 하는 것이 곧 자유롭게 하는 것"이라고 주장했을 때, 벤담은 "악을 행할 수 있는 자유는 자유가 아니란 말인가? 아니라면 도대체 그것은 무엇이란 말인가? 우리는 악인과 백치들이 자유를 오용하기 때문에 그것을 유보해야 한다고 말하지 않는가?"라고 반박했다는 것이다.[38]

그렇다면 로크는 분명 적극적 자유론을 주장했다고 볼 수 있다. 그런데 벌린은 로크에 대해서 언급하면서 그에 대해 확실히 자리매김하지 못했다. 그를 밀과 콩스탕과 함께 그 어떤 이유로도 침해받을 수 없는 사적 영역을 지키려고 한 소극적 자유론자로 분류하는가 하면,[39] 스피노자와 함께 이성적 삶을 통한 고급한 자아의 실현을 주장한 적극적 자유론자로 묶기도 했다.[40] 그러면서 로크가 주장하는 것처럼 자연법의 절대적 권위와 신 앞에서 모든 인간의 평등에 대한 신념은 자신이 선호하는 바대로 살 자유에 대한 신념과는 매우 다르다고 주장한다.[41] 왜 이러한 혼선이 빚어진 것일까? 그것은 현대 자유주의자들이 어떻게든 로크가 개인의 절대적 재산소유권과 최소국가론을 철학적으로 확립한 자유주의의 태두라는 믿음을 버리고 싶지 않은데 이를 뒷받침하는 소극적 자유론을 로크에게서 발견할 수 없어서 기인한 것이다. 그리고 이러한 혼선은 벌린의 적극적 자유론에 대한 비판이 잘못된 것임을 반증하는 것이라고 할 수 있다. 즉 로크는 결코 이성적 인간이 비이성적 인간을 지배해야 한다는 주장을 하지 않았다. 이성은 신이 모든 인간의 본성에 심어놓은 자연적 능력이기 때문이다. 그래서 인간은 평등하고 독립적인 존재요, 누구나 그 이성에 기초한 자유를 누릴 수 있다는 것이다. 따라서 그러한 인간들의 동의에 의해 수립된 입법적 권위가 만든 법을 지키는 것은 결코 자유를 제한하는 것이 아니라 보존하고 확대하는 것이다.

IV. 로크와 현대 공화주의 자유론

이러한 이유로 로크의 자유론에 대해 현대 자유주의 연구자들이 침묵할 때 '비지배로서 자유'(non-domination)를 주장하는 현대 공화주의 연구자들 사이에서는 엇갈린 해석이 나왔다. 그들은 적극적 자유론으로서 로크의 자유론에 주목하지는 않았다. 왜냐하면 그들은 벌린이 주장하는 적극적 자유론이 아니라 비지배 자유론을 공화주의의 핵심적 요소라고 보기 때문이다. 여기서 그들이 주장하는 비지배 자유론은 자유주의의 소극적 자유론과는 달리 자유를 단지 간섭의 부재로 보지 않는다. 즉 간섭받지 않는다고 해서 반드시 자유롭지 않으며, 간섭받는다고 해서 반드시 자유롭지 않다고 할 수 없다는 것이다. 예를 들어, 인자한 주인을 둔 노예나 자비로운 전제 군주하의 신민들은 간섭을 받지는 않지만 노예 혹은 신민이라는 지위 그 자체 때문에 자유롭지 못하다. 왜냐하면 주인이나 전제 군주가 언제 지배자의 본색을 드러낼지 모르기 때문에 노예나 신민들은 늘 자신의 언행이 그들의 비위를 거스르는 것은 아닌지 자체적으로 검열하기 때문이다. 즉 타인의 선의나 자비에 의존해서는 자유를 누릴 수 없다는 것이다. 자유는 평등한 시민으로서 동등한 지위를 누릴 때, 즉 자신의 행위에 대해 언제라도 마음만 먹으면 자의적으로 간섭할 수 있는 잠재적 권력이 존재하지 않을 때 가능하다는 것이다. 또한 민주적으로 제정되고 실행되는 법에 의해 간섭받는다고 해서 자유롭지 않은 것은 아니다. 왜냐하면 그러한 법의 명령은 자신이 자신에게 부여한 명령이기 때문이다.[42] 이러한 비지배 자유론을 주장하는 현대 공화주의자들의 로크에 대한 평가는 상반되게 엇갈리고 있다. 로크가 자유를 단순히 간섭의 부재가 아니라 자의적 지배의 부재로 본 것에 주목하는 긍정적 평가가 있는가 하면, 반대로 그가 홉스와 마찬가지로 소극적 자유론을 주장하고 있으며 17세기 공화주의자들과는 달리 비지배 자유론에서는 절대 용납할 수 없는 지배자의 특권을 용인하고 있다는 부정적 평가도 나왔다.

긍정적 평가는 공화주의의 비지배 자유론을 정치철학적으로 설파한 페티트로부터 나왔다. 그는 공화주의 자유론의 핵심은 간섭의 부재 여부가 아니라 오로지 지배의 부재 여부일 뿐이라고 단언한다. 이는 간섭받는다고 해서 언제나 자유가 침해당한다고 보아서도 안 되고, 또한 오직 간섭만이 자유를 침해한다고 보아서도 안 된다는 것이다. 예를 들어, 민주주의적 원칙에 의해 정당하게 제정된 법에 의해 간섭받는 것이 자유를 침해하는 것도 아니고, 언제든지 마음만 먹으면 자의적으로 간섭할 수 있는 역량을 지니는 지배자 혹은 지배 집단이 피지배자들에게 온정과 자비를 베풀어 간섭하거나 강압적으로 대하지 않는다고 해서 그들이 자유로운 것은 아니라는 것이다.[43]

그는 또한 공화주의적 자유가 벌린이 말하는 적극적 자유가 아니라고 말한다. 왜냐하면 공화주의자들은 자유롭기 위해서는 자신이 자신의 지배자가 되어야 한다는 것이 아니라 남이 내 지배자가 되어서는 안 된다고 주장했기 때문이다. 그리고 그들은 남이 내 지배자가 되지 못하도록 어떤 체제와 제도를 갖추는 데 참여하는 것 그 자체가 자유라고 보지는 않았다는 것이다. 그에 의하면 그것은 어디까지나 자유를 누릴 수 있는 수단일 뿐이다. 이러한 관점에서 그는 그러한 체제와 제도를 수립하는 데 적극적으로 참여하여 자신이 그 입법 과정에 참여한 공동체의 법에 의해서만 지배받을 때, 그리하여 스스로가 자신의 주인이 될 때 인간은 비로소 자유롭다는 루소식의 자유론도 공화주의의 본류가 아니라고 배격한다.[44]

그러면서 그는 오히려 통상적으로 자유주의 사상가로 분류되는 로크의 자유에 대한 규정을 공화주의적 자유론의 한 예라고 제시한다. 로크는 '자유는 누구나 자신이 원하는 것을 할 수 있는 것이 아니라, 다른 사람의 변덕스럽고, 불분명하고, 알 수 없는 자의적 의지에 예속되지 않는 것'이라고 규정함으로써 자유가 간섭

의 부재가 아니라 비지배라는 점을 분명히 했다는 것이다.[45] 로크
는 분명히 타인의 절대적이고 자의적인 권력 밑에 자신을 두려는
인간은 자신을 노예로 만드는 것이라고 했기 때문에,[46] 공화주의
자들과 마찬가지로 자유인 대 노예라는 구도 속에서 자유를 논의
했다고 볼 수 있는 것이다. 그리고 페티트는 앞서 살펴본 법과 자
유와의 관계에 대한 해링턴의 홉스에 대한 비판을 로크가 그대로
이어갔다고 평가하면서, 그를 공화주의 전통 안에 배속시킨다. 로
크는 17세기 공화주의자들과 마찬가지로 자유의 본질을 노예제
와 같은 자의적 권력의 부재로 보았으며 또한 법은 자유를 제약
하거나 폐지하는 것이 아니라 보존하고 확대하는 것이라고 주장
했다는 것이다.[47]

그는 이어서 로크가 정부는 인민들이 그들의 공익을 위해 신탁
한 권력만을 소유한다고 주장함으로써 공화주의가 추구하는 비
지배의 원리가 헌정 제도적으로 담보되도록 하였다는 점을 평가
한다. 그에 의하면 로크의 신탁의 개념은 정부가 견제를 통해 민
주적으로 운용될 때 비지배의 원리가 실현될 수 있음을 말해주는
것이다. 이러한 로크의 주장은 공화주의자들에게 계속 영향을 미
쳐 대표적인 예로 페인은 왕정이 자의적인 것은 왕 개인이 국가
공동체가 아니라 그 자신을 위해서 권력을 행사하기 때문이고 공
화주의적 정부란 바로 공공의 이익을 위해 수립되고 운영되어야
하는 정부 이외에 다른 것이 아니라고 주장했다는 것이다.[48] 또한
페티트에 의하면 17세기 공화주의자들과 로크가 말하는 자연권

은 비지배라는 공화주의의 목적을 실현하기 위한 수단이었다. 즉 그들은 자연권을 일종의 수사로서 사용했지 의무론자들이 말하는 기본적 규범으로서 규정하지는 않았다는 것이다. 이러한 그의 언명은 오늘날 소위 자유지상주의자들이 개인의 권리만을 지고한 가치로 여기면서 주장하는 최소국가론이란 결국에는 아나키즘에 불과하며 로크와는 관련이 없다는 것을 주장하기 위한 것이었다.[49] 최소국가론은 그 어떤 입법도 자유를 제한 것이라는 홉스의 주장에 가닿는 것이기 때문이다. 이러한 논의를 통해 페티트는 공화주의의 비지배 자유론이 오늘날 자유주의의 개인주의적 권리지상주의에 대척점에 있다는 것을 분명히 하려고 했다.

로크에 대한 이러한 긍정적 평가와는 전혀 다른 부정적인 평가는 공화주의 지성사가인 스키너로부터 나왔다. 그는 17세기 공화주의자들의 자유론의 핵심은 홉스의 자유론에 대한 부정이라고 본다. 앞서 보았듯이 홉스는 자유는 단지 간섭의 부재이며 그것은 그 어떤 정부 형태하에서도 누릴 수 있는 것이라고 주장했다. 이에 대해 공화주의자들은 자유는 간섭의 부재가 아니라 언제라도 자의적으로 간섭할 수 있는 권력, 즉 페티트가 말하는 지배의 부재라고 보았다는 것이다. 즉 그러한 권력의 소유자가 당장은 간섭하지 않는다고 해서 자유로운 것은 절대 아니라는 것이다. 따라서 그들은 자유는 지배자의 선의나 아량에 의지해서 구가하는 것이 아니라 오로지 평등한 시민적 지위를 누릴 수 있는 자유국가 안에서 동등자로서 존재할 때만 가능하다고 확신했다는 것이다. 스키너는 이러한 17세기 잉글랜드의 공화주의 자유론의 기원이 고대 로마 공화국의 공화주의 역사가들의 저술과 로마법에 나타난 자유인 대 노예라는 구도라고 주장하면서 공화주의적 자유를 '신로마적 자유'라고 불렀다. 그에 의하면 잉글랜드 혁명기의 공화주의자들은 왕의 대권이 존재하는 것 자체가 인민의 자유인으로서 지위를 부정하고 인민을 언제라도 노예로 전락시킬 위험이 있는 것이라고 보고 혁명의 대의에 참여했다.[50]

스키너는 로크의 자유론은 이러한 '신로마적' 공화주의 자유론과는 전혀 다른, 홉스의 자유론과 같은 소극적 자유론이라고 규정하고 비판을 시작한다. 로크가 그의 『인간 오성론』에서 홉스와 같은 목소리로 "자유는 원하는 대로 무엇을 하거나 하지 않거나 할 수 있는 힘에 존재한다는 것은 분명하고 부정할 수 없다"고 규정했다는 것이다.[51] 그러나 이러한 독해에는 문제가 있다. 왜냐하면 스키너가 인용한 로크의 언급은 의지의 자유에 대한 것이지 정치적 자유에 대한 것은 아니기 때문이다.[52] 앞서 본 바와 같이, 로크는 정치적 자유를 논의하면서 줄곧 적극적 자유론의 입장을 견지했음은 부인할 수 없다.

스키너는 계속해서 17세기 공화주의자들과 로크가 어떻게 다른지를 열거한다. 우선 동의의 개념에서 양자의 차이점은 뚜렷하다. 로크는 오직 정당한 정부의 수립에 대해서 논할 때만 그 개념을 사용했지만, 반면에 공화주의자들은 자유국가에서는 모든 개별적 입법 과정에서 전 시민의, 하나의 전체로서 정치 공동체 구성원들의 동의를 구해야 한다고 주장한다는 것이다. 왜냐하면 구성원들이 동의하지 않은 법에 따를 수 없는 것이 자유 국가의 원리이기 때문이다.[53] 이는 앞서 본 바와 같이, 해링턴이 홉스를 비판할 때 자유 국가에서는 시민들이 입법 과정에 참여하기 때문에 자신이 만든 법에 따르는 것이 자유를 침해하는 것이 아니라고 말한 점을 상기해볼 때 충분히 납득할 만하다. 즉 공화주의자들에게 동의는 입법 과정에의 참여라는 의미를 지니고 있지만 로크에게서는 그러한 점을 발견할 수 없다. 그는 앞서 본 대로 인민들의 신탁에 의해 수립된 입법적 권위가 만든 법에 따르는 것을 자유와 연관시켜 말하고 있을 뿐이다.

다음으로 스키너가 문제삼는 것은 17세기 공화주의자들은 왕국과 자유는 양립 불가능하다고 본 고대 로마 공화국의 역사가 리비우스의 주장을 이어받아 왕 밑에서 사는 것은 위험한 노예제에 불과하다고 단정한 반면, 로크에게서는 그러한 주장을 찾아볼 수 없다는 것이다.[54] 이러한 스키너의 비판은 로크의 대권에 관한 논의에 대한 비판으로 이어진다. 앞서 본 바와 같이 스키너는 17세기 공화주의자들은 왕의 대권이 존재하는 것 자체가, 그것이 발동되지 않는다 해도 인민의 자유를 침해하는 것이라고 보았다고 주장한다. 즉 실제로 간섭을 받을 때만 인민의 자유가 침해받는 것이 아니라, 언제라도 자의적으로 간섭할 수 있는 권력이 존재하는 것 자체가 이미 자유를 침해한다는 것이 공화주의 자유론의 핵심이라는 것이다.[55] 그런데 스키너는 로크가 이를 인정하지

않고 오히려 공화주의자들의 이러한 주장을 비판한 점을 들어 그를 공화주의 전통에서 배제한다.[56]

스키너는 17세기 공화주의자들이 왕의 임의적 재량권으로서 대권이 오용될 것을 염려한 것이 아니라 그것이 존재하는 자체를 격렬히 반대했음을 밝히면서 그들이 왕의 대권이 공동의 이익을 위해서 사용되는 것조차도 자유를 침해하는 것으로 보았다는 점에 주목한다.[57] 대표적으로 밀턴은 왕의 임의적 재량권이 불법적으로 행사되지 않고 인내할 수 있는 것이라고 해도 그러한 권력이 존재하는 것 자체가 폭정이며 그 밑에 사는 것 자체가 노예로 사는 것이라고 절규했다. 밀턴은 그러한 권력을 소유한 절대 군주가 인민들에게 복지와 편안한 삶을 보장하는 은혜를 베푼다고 해도 인민들은 자유롭지 못하고 그 공동체는 자유 국가가 될 수 없다고 단언한다. 왜냐하면 타인의 선의에 의지해 사는 것은 자유로운 삶이 아니기 때문이다. 그것은 절대적 주군의 지배 아래 사는 종신의 삶과 다를 바 없는 것이다.[58]

이에 대해 로크는 반론을 펼친다.[59] 그는 모든 정부 체제하에서 그 어떤 형태로든 재량권은 존재해야 한다고 주장한다. 입법권과 행정권이 분리되어 있는 온건한 왕정과 잘 짜인 정부하에서는 사회의 이익을 위해 행정권의 소유자에게 몇 가지 사안에 대해서는 재량권을 인정해야 한다는 것이다. 왜냐하면 법이 결코 해결할 수 없는 여러 가지 사안들이 존재하기 때문이다. 그리고 전적으로 공동선을 위해서라면 행정권에게 법이 양보해야 할 경우가 있

다는 것이다. 이때 재량권은 법의 시행을 잠시 미뤄놓고 더 나아
가서는 법을 위배할 수 있는 권리라고까지 로크는 규정한다. 그
리고 인민들은 이에 대해 옳고 그름을 판단할 권리가 없다고도
말한다. 물론 로크는 이러한 재량권이 지배자가 자신이 원하는
대로 인민에게 해를 끼치기 위해 휘두르는 자의적 권력과는 다르
다고 강조한다. 그것은 공동선을 위해, 사회의 이익을 위해, 인민
들에게 혜택이 돌아갈 수 있도록 지배자들이 몇몇 사안에 대해
자신의 자유로운 선택대로 무엇인가를 할 수 있게끔 인민이 허락
한 권력이라는 것이다. 그것은 규제받지 않고 공동선을 시행할
수 있는 권력일 뿐이라는 것이다. 그리고 그것은 모든 공적 권력
체계의 불가피한 요소일 뿐만 아니라 그 어떤 헌정 구조에도 부
가되어야 하는 가치 있는 것으로서 결코 자의적인 권력이 아니라
고 로크는 강변한다. 그리하여 그는 늘 인민의 신탁에 신경쓰며
인민의 이익에 유념하는 훌륭한 지배자에게 선을 행할 대권은 결
코 과다하다고 할 수 없는 것이라고 단언한다. 지배자의 대권이
공익을 위해 사용되는 한 그것은 정당한 권력이라는 것이다.

  스키너는 바로 이러한 로크의 주장이 17세기 공화주의자들의
주장과는 확연히 다른 것이라고 강조한다. 앞서 말했듯이 공화주
의자들은 공익과 공동선을 위해 지배자에게 대권을 허용하는 것
자체가 타인의 선의에 의존해 시혜를 받으면서 살겠다는 노예근
성과 다를 바 없다고 확신했다. 스키너는 바로 이 점이 오늘날 로
크를 그 태두로 우러러보는 자유주의자들이 놓친 자유의 대의라

고 비판한다.[60]

V. 맺음말

현대 자유주의자들은 로크를 개인주의적 권리 담론의 태두로 자리매김해 왔다. 그 누구도 침해당할 수 없는 권리의 담지자로서 개인을 설정하고 근대 이후 등장한 국가 권력으로부터 그러한 개인을 보호할 수 있는 철학을 로크가 제공했다는 것이다. 그렇다면 그의 자유론은 철저히 벌린이 말하는 소극적 자유론이어야 한다. 즉 외부 간섭의 부재가 곧 나의 자유가 될 때 그러한 논변은 유지될 수 있다. 이성이라는 명목하에, 공동선이라는 미명하에, 내가 하고 싶은 것을 못하게 하는 것은 그 목적이 아무리 숭고한 것이라고 하더라도 나의 자유를 빼앗는 것이다. 그러나 앞서 보았듯, 로크의 자유론은 이러한 소극적 자유론이라고 할 수 없다.

그는 진정한 자유는 이성적인 지성에 의해 지배되는 삶을 사는 것이요 정치적 자유도 공동선을 실현해야 하는 의무와 별개로 논의 될 수 없다고 보았다. 즉 자유는 도덕적 진공 상태에서 무엇이든 방해받지 않고 할 수 있는 것이 아니라는 것이다. 이렇게 볼 때 로크를 전적으로 자유주의와 연관시키는 것은 적절하지 않다고 볼 수 있다.[61] 로크의 자유론은 홀로 내버려두기를 바라는 개인의 사적 영역에서의 자유가 아니라 합리적이고 적극적인 시민들의 공적 영역에서의 자유에 대해 말한 것이라고 할 수 있다. 기술 관료와 자본이 지배하는 현대 사회에서 감독 국가가 개인들에게 허용하는 홀로 알아서 살아가는 자유와는 다른 것이다.[62]

그렇다면 로크의 자유론은 공화주의 자유론일까? 앞서 본 것처럼 로크의 자유론이 페티트가 말하는 비지배의 자유론과 일맥상통한다는 점에서는 그렇다고 할 수 있다. 로크의 자유론도 비지배 자유론과 마찬가지로 간섭의 부재만을 자유로 보는 홉스의 소극적 자유론과 달리 자의적 권력의 존재 유무를 자유인과 노예를 구분하는 기준점으로 보았다. 또한 인민의 동의로 제정된 법에 따르는 것을 자유의 제약이나 폐지로 보지 않고 오히려 자유를 보존하고 신장시키는 것으로 보았다. 그러나 스키너가 지적했듯이 그의 자유론은 당시 공화주의자들과 그것과 다른 궤적을 그린 것도 분명하다. 지배자의 대권 여부가 그 기능의 옳고 그름을 떠나 자유인과 노예를 구분하는 기준이 된다는 17세기 공화주의자들의 신로마적 자유론과 인민의 이익과 공동선을 위한 대권은 자의적 권력이 아니라고 보는 로크의 자유론은 서로 길항적이다. 바로 이러한 이유 때문에 로크에 대한 지성사적 자리매김은 섣불리 시도되어서는 안 된다고 할 수 있다. 적어도 그를 오늘날의 극단적 자유주의자들인 자유지상주의자들의 권리 담론의 수호성인으로 보아서는 안 된다.

주

노예의 자유를 넘어서

*이 글은 독자의 이해를 돕기 위해 역자가 2006년 11월 23일 일본 오사카내학교에서 열린 제2차 한일영국사학술회의에서 발표한 원고 「Two Rival Views of Liberty in Early Modem Britain」을 바탕으로 다시 쓴 것이다. 또한 여기에 이 책의 본문 중 중요한 부분을 요약해 덧붙이기도 했다. 그 부분은 따로 주를 달지 않았다. 읽다보면 중복되는 부분도 있겠지만 우리 독자들이 공화주의에 생소하기 때문에 이해를 돕기 위해 선택한 전략이다.

1 Isaiah Berlin, "Two Concepts of Liberty" in *Four Essays on Liberty* (London, 1969), pp.118~172(이하 *Liberty*로 약함).

2 Anthony Arblaster, *The Rise and Decline of Western Liberalism* (Oxford, 1984), pp.309~332.

3 Claude J. Galipeau, *Isaiah Berlin's Liberalism* (Oxford, 1994), p.85.

4 Ibid., pp. 121~148.

5 *Liberty*, pp. 123, 127.

6 *Liberty*, pp.127, 129.

7 *Liberty*, pp. 124, 126.

8 *Liberty*, pp. 124~125.

9 *Liberty*, p. 128.

10 *Liberty*, p. 127.

11 *Liberty*, pp. 129~131.

12 *Liberty*, p. 131.

13 *Liberty*, p. 148.

14 *Liberty*, p. 140.

15 *Liberty*, pp. 141~154.

16 *Liberty*, p. 133.

17 *Liberty*, pp. 154~172.

18 Galipeau, *Berlin's Liberalism*, p. 134.

19 이 책에서 스키너는 전에 사용하던 공화주의 대신 '신로마적'이라는 용어를 사용하고 있다. 공화주의가 왕이 존재하지 않는 정치체제만을 지향하는 것으로 오해될 수 있기 때문이었다. 그러나 그로 인해 많은 오해를 불러일으키기도 했다. 즉 스키너가 자유주의의 문제점을 지적하면서 전향적 태도를 취하지 않고 복고적 태도를 취한다는 비판을 받기도 했다. 스키너는 역자와 주고받은 전자우편에서 그 용어를 사용한 것이 실수였다고 고백했다. 스키너는 아예 '민주주의적 자유론'이라는 용어가 더 좋았을 듯싶다고 토로하기도 했다.

20 G.C. MacCallum, Jr., "Negative and Positive Freedom," *Philosophical Review*, 76 (1967), pp.312~334.

21 Quentin Skinner, *Liberty before Liberalism* (Cambridge, 1998); cf. Philip Pettit, *Republicanism, A Theory of Freedom and Government* (Oxford, 1997).

22 Maurizio Viroli, Republicanism (New York, 2002, org.1999), pp.3~19, 45~55.

23 J.G.A. Pocock, *The Machiavellian Moment* (Princeton, 1975); "The Machiavellian Moment Revisited: A Study in History and Ideology," *Journal of Modem History*, 52, 1 (1981), pp.49~72; J.H. Hexter, review of The Machiavellian Moment, *History and Theory*, 16 (1977), pp.306~337. 공화주의에 대해서는 조승래, 『국가와 자유―서양 근대 정치 담론사 연구』(1998)를 참조.

24 Skinner, "The Idea of Negative Liberty: Philosophical and Historical Perspectives," in Richard Rotyet al. (eds.), *Philosophy in History: Essays on the*

Historiography of Philosophy (Cambridge, 1984), pp.193~211. 스키너는 공화주의 자유론이 벌린이 말하는 적극적 자유론으로 이해되어 전체주의적 색채를 띤 것으로 오해되는 것을 극도로 염려하고 있다.

25 Skinner, "Classical Liberty and the Coming of the English Civil War," in *Republicanism, A Shared European Heritage*, v.2 The *Value of Republicanism in Early Modern Europe* (Cambridge, 2002), pp.9~28.

26 최근 스키너는 혁명 당시 다른 의회파는 물론이고 수평파마저도 부르주아적 유산자 지배를 옹호하고 있었다는 마르크스주의적 해석을 비판하면서, 당시 자유인의 개념은 유산자가 아니라 타인의 선의에 의지하지 않고도 살아갈 수 있는 독립적이고 주체적인 인간을 말하는 것이었다고 다시 한번 단언한다. Skinner, Rethinking Political Liberty," *History Workshop Journal 61* (2006), pp.156~170.

27 Skinner, "The Republican Idea of Political Liberty," in Gisela Bock et al. (eds.), *Machiavelli and Republicanism* (Cambridge, 1990), pp.293~309.

28 D.D. Raphael, "Hobbes," in Z. Pelczynski and J. Gray, eds. *Conceptions of Liberty in Political Philosophy* (London, 1984), pp.34~37.

29 Thomas Hobbes, *Leviathan* (1651) ed. by C.B. Macpherson (Harmondsworth, 1968), pp. 189, 261, 262, 264.

30 *Leviathan*, pp. 189, 261~262, 667.

31 *Leviathan*, pp. 267~268, 369, 698~699.

32 스키너는 좀더 좁은 맥락에서 볼 때 홉스의 자유론이 인민의 동의를 얻지 않았다는 이유로 크롬웰 공화국의 정통성을 부인하는 수평파의 자유론을 비판한 것이라고 해석한다. Quentin Skinner, "Thomas Hobbes on the Proper Signification on Liberty," *Transactions of the Royal Historical Society*, 40 (1990), pp. 121~151.

33 *Leviathan*, pp.273, 356, 367.

34 *Leviathan*, p.273.

35 *Leviathan*, pp.264, 266.

36 James Harrington, *The Commonwealth of Oceana* (1656) ed. by J.G.A. Pocock (Cambridge, 1992), p.20.

37 Blair Worden, "James Harrington and The Commonwealth of Oceana, 1656,"

in David Wootton, ed. *Republicanism, Liberty, and Commercial Society, 1649~1776* (Stanford, 1994), pp.105~106.

38 Philip Pettit, *Republicanism, A Theory of Freedom and Government* (Oxford, 1997), pp.38~39.

39 Oceana, p.8.

40 M.M. Goldsmith, "Liberty, Virtue, And the Rule of Law, 1689~1770," in David Wootton, ed. *Republicanism, Liberty*, pp.198~200.

41 Richard Price, *Additional Observation on the Nature and Value of Civil Liberty, and the War with America* (1777), p.3.

42 Price, *Observation on the Nature of Civil Society, the Principle of Government and the Justice and Policy of the War with America* (1776), p.6; *Additional Observation* (1777), pp.12~13.

43 Price, *Additional Observation* (1777), p.3.

44 Price, *Observation* (1776), p.3.

45 Margret Avery, "Toryism in the Age of The American Revolution: John Lind and John Shebbeare," *Historical Studies*, 18 (1978), pp.24~32.

46 John Lind, *Three Letters on Dr, Price* (1776), pp.16~18.

47 Ibid., pp.23~24.

48 Ibid., p.114.

49 Ibid., p.40.

50 Ibid., p.156.

51 Robert Filmer, *Partriarcha* (1680) ed. by J.P. Sommerville (Cambridge, 1991), p.268.

52 Ibid., p.275.

53 P. Pettit, *Republicanism*, p.43; H.L.A. Hart, *Essays on Bentham, Studies in Jurisprudence and Political Theory* (Oxford, 1982), p.61.

54 Lind, *Three Letters*,p.18.

55 *The Correspondence of Jeremy Bentham*, 1/1752~1776. ed. by L. S. Sprigge (London, 1968), p.310.

56 Bentham's Papers in the Library of University College London, CLXX, p.175.

57 Ibid., LXIX, pp.44, 148.

58 John Bowring, ed. *The Works of Jeremy Bentham 11 vols* (Edinburgh, 1838~1843), v.III, p.185.

59 Ibid., v.II, p.503.

60 Peter N. Miller, *Defining the Common Good, Empire, Religion and Philosophy in Eighteenth-Century Britain* (Cambridge, 1994), p.394.

61 Lind, *Three Letters*, p.26.

62 Ibid., pp.69~70.

63 Ibid., pp.72~73.

64 Richard. Hey, *Observation on the Nature of Civil Liberty and the Principles of Government* (1776), p.8.

65 Ibid., pp.23, 26, 27.

66 John Shebbeare, *An Essay on the Origin, Progress and Establishment of National Society* (1776), pp. 27~28, 47.

67 William Palcy, *The Principles of Moral and Political Philosophy* (1785), p.447.

68 Ibid., p.356.

69 Ibid., p.355.

70 Ibid., p.359.

71 Frederick Rosen, "Bentham and Mill on Liberty and Justice," in G. Feaver &. F. Rosen, eds. *Lives, Liberties and the Public Good* (London, 1987), pp. 121~125; ibidem, "The Origin of Liberal Utilitarianism: Jeremy Bentham and Liberty," in Richard Bellamy, ed. *Victorian Liberalism, Nineteenth-Century Political Thought and Practice* (London, 1990), pp.58~61.

72 John Cartwright, *An Appeal, Civil and Military, on the Subject of the English Constitution* (1799), p.20.

73 John Cartwright, *The Postscript to Major Cartwright's Reply to Soane Jenyns, Esq.* (1785),pp.19~20.

74 Cartwright, *An Appeal*, p.18.

75 Ibid., p.16

76 John Rawls, *A Theory of Justice* (Cambridge, Mass., 1971); "The Priority of Right and Idea of the Good," *Philosophy and Public Affairs 17* (1998), pp.151~176.

77 Skinner, "On Justice, the Common Good and the Priority of Liberty," in

Chantal Mouffe ed. *Dimensions of Radical Democracy* (London, 1992), pp.211~224.

78 Alasdair MacIntyre, *After Virtue* (London, 1981).

79 Skinner, "The Republican Idea of Political Liberty," in Gisela Bock et al. (eds.), *Machiavelli and Republicanism* (Cambridge, 1990), pp.293~309.

자유주의 이전의 자유

서론

1 의원 매년 선거와 평등한 선거구 조정에 대한 요구는 각별히 신로마적 이론이 우선적으로 반영된 것이라고 볼 수 있다.

2 여성의 종속적 지위와 그로 인한 예속에 대해서는 Mill 1989, 각별히 pp.123, 131~133, 149를 보라.

3 예를 들어, 로마 법철학과 도덕철학의 어휘들이 마르크스의 자본주의 분석에서 현저하게 눈에 띈다. 특히 임금―노예제, 소외와 독재에 대한 그의 토론에서 더욱 뚜렷하다.

4 휘그 정치사상에서 자유주의로의 이행에 대해서는 Pocock 1985, 특별히 pp.253~310과 Burrow 1988을 보라.

5 Pettit 1993 a, 1993 b, 1997.

6 Acton 1906 a, p. 3.

7 Collinson 1967과 1988을 보라. 또한 이 책의 1장 '주 32'를 보라.

자유국가의 신로마적 이론

8 [Parker] 1934, p.194. 파커의 주장에 대해서는 Tuck 1993, pp.226~233쪽과 Mendle 1995, 특별히 pp.70~89를 보라.

9 [Parker] 1934, pp.208, 168.

10 [Parker] 1934, pp.168, 211.

11 17세기 초 잉글랜드에서 부상한 이 이론에 대해서는 Sommeiville 1986, 특히 pp.9~56을 보라. 주권의 행사자를 주권의 주체로 묘사하는 것에 대해서

는 [Parker] 1934, p.210을 보라.

12 이러한 예로서 [Maxwell] 1644, p.32를 보라. 맥스웰에 대해서는 Sanderson 1989, pp.48~51을 보라.

13 *Englands Absolute Monarchy* (1642), Sig. A, 3v.

14 [Hunton] 1643, pp.38, 39. 이러한 논의의 전개에 대해서는 Judson 1949, 특히 pp.397~407과 Sanderson 1989, pp.30~32를 보라.

15 나는 당시에 헌정적 위기가 있었다고 본다. 그것은 단순히 정부 운영의 붕괴만이 아니었다. 그러나 헌정적 위기라고 보지 않는 고전적 해석에 대해서는 Elton 1974. vol.II. pp.164~182, 183~189를 보라. 이러한 엘튼의 견해가 그 시대를 연구하는 수정주의 사가들에 의해 어떻게 정교해졌는지에 대해서는 Adamo 1993을 보라. 또한 그 위기가 마르크스주의적 의미에서 혁명적이었다는 주장에 대한 비판적 논의는 MacLachlan 1996, 특히 pp.55~63, 231~251을 보라.

16 Hayward 1603, Sig. B, 3v에 보면 국가는 "다수가 하나의 권력과 의지로 결합된" 연합체로서 기술되고 있다. 이 시기의 영국 로마법학자들의 정치이론에 대해서는 Levack 1973, pp.86~121을 보라. 국가를 지배자와 피지배자 모두와 구분되는 하나의 추상적 존재로 보는 이 시기의 국가관에 대해서는 Skinner 1989를 보라.

17 Pupendorf 1672, VII. 2.13, p.886에서 그는 국가를 "다수의 개인의 계약에 의해 결합되어 그 의지가 전체의 의지로 여겨지는 복합적인 도덕적 법인"으로 규정한다.

18 푸펜도르프는 'civitas'라는 용어를 사용하였는데, 1703년 그의 책이 영어로 번역되어 출간되었을 때 'civitas'는 'State'로 번역되었다. Pufendorf 1703, 7.2. 13과 14, pp.151~152를 보라.

19 Gierke 1960, pp.60~61, 139; Runciman 1997, 특히 pp.4~5도 참조.

20 Hobbes 1983, V. IX~XII, pp.134~135.

21 Hobbes 1996, p.121.

22 Digest 1985, I. 1. 1, vol. I. p.1에서 법은 처벌의 공포를 유발하여 인간을 선량하게 만든다는 'metu poenarum' 로마의 법학자 울피아누스 Ulpianus의 견해가 인용되고 있음을 볼 수 있다. 또한 Digest 1985, I.5.4, vol. I, p.15에서는 "자유는 문제가 되는 행동이 물리적 힘 혹은 법에 의해 제한되지 않는다

면 원하는 것이면 무엇이나 할 수 있는 자연적 능력Libertas est naturalis facultas eius quod cuique facere libet nisi si quid vi aut iure prohibetur"이라는 로마 법학자 플로렌티누스Florentinus의 견해가 인용되고 있다.

23 Williams 1643, 특히 pp.82~84; [Bramhall] 1643, 특히 p.70; [Digges] 1643, 특히 p.14; Filmer 1991, 특히 pp.267~268. 이와 유사한 논의가 아내들이 겉으로 보기에는 명백하게 남편에게 종속되어 있지만 그렇다고 해서 자유롭지 않은 것은 아니라는 주장을 펼칠 때 이용되었다. Sommerville 1995, pp.79~113을 보라.

24 Hobbes 1996, p.146.

25 이러한 주장과 그것이 홉스의 의지론에 미친 영향에 대해서는 Gauthier 1969, pp.5~13을 보라.

26 Hobbes 1996, p.146.

27 만약 그 행위가 자신의 힘으로 할 수 없는 행위라면, 그것은 자유가 결여된 것이 아니라 그렇게 할 수 있는 능력이 결여된 것이다. Hobbes 1996, p.146을 보라. 그리고 Skinner 1990a, 특히 pp.123~128을 참조하라.

28 Hobbes 1996, p.45.

29 그러나 Brett 1997, pp.228~232에 잘 나타나 있듯이, 이 문제에 대한 홉스의 논의에서 혼란이 발견된다. 육체적 자유(외부적 방해로부터의 자유)의 소유는 분명히 자연적 자유(자신의 의지대로 힘을 사용할 수 있는 자연권)의 소유를 전제로 하고 있다. 그러나 Hobbes 1996, p.120에 의하면 신민이 되겠다고 서약하는 순간 자연권은 포기된다.

30 Hobbes 1996, pp.120~121. 홉스는 원래 '수행하다performe'라는 단어를 썼다. 후에 교정쇄를 보고 나서 그는 원래 단어 위에 '일치시키다conforme'라는 단어를 오려 붙여 수정했다. 그는 분명히 이 문제가 중요하고 동시에 명확히 서술하기에는 어렵다는 점을 알고 있었다. Tuck은 Hobbes 1996, p.120의 주에서 이러한 수정에 대해 설명하고 있다.

31 Hobbes 1996, p.147.

32 Hobbes 1996, p.152.

33 홉스의 논의를 완전히 이해하기 위해서는 Hobbes 1996, pp.150~153에서 홉스가 강조한 바를 좀더 자세히 알아야 한다. 홉스에 의하면 '그 어떤 서약에 의해서도 포기·양도될 수 없는' 행위의 자연권이 존재하기 때문에, '비록

주권자에 의해 명령받았다고 해도' 신민이 '거부할 경우에도 전혀 불의가 되지 않는' 어떤 행위들이 반드시 존재한다는 것이다.

34 Hobbes 1996, p.152.

35 Hobbes 1996, pp.149~150; Hobbes 1969, pp.26, 28, 30~31, 43도 참조.

36 이러한 전통의 진화에 대한 고전적 연구로서 Baron 1966이 있다. Pocock 1975, pp.83~330과 Skinner 1978, vol. I, pp.3~48, 69~112, 139~189도 볼 것. 마키아벨리의 자유로운 삶에 대한 논의에 대해서는 Skinner 1981, pp.48~77과 특히 Viroli 1992, pp.126~177을 볼 것. 17세기 잉글랜드에서 마키아벨리가 어떻게 인용되었는지는 Raab 1964, pp.102~217을 볼 것.

37 마키아벨리는 그의 『논고』를 1514년경부터 쓰기 시작해서 1519년에 완성했다. Skinner 1978, vol. I, pp.153~154를 볼 것.

38 나는 전에는 '신로마적'이라는 용어가 아니라 '공화주의적'이라는 용어를 썼다. 이에 대해서는 Skinner 1983과 Skinner 1990c를 볼 것. 그러나 지금 내 생각으로는 '공화주의적'이라는 용어는 오해될 소지가 있을 듯싶다. 밑의 '주 181)'과 '183)'을 볼 것.

39 Collinson 1990, p.23을 볼 것. 여기서 그는 포콕의 주장에 도전하고 있다.

40 비콘에 대해서는 Peltonen 1995, pp.74~102를 주로 볼 것. 그리고 베이컨에 대해서는 Peltonen 1995, 194~219를 주로 볼 것. 이 시기의 공화주의 사상에 관해서는 Norbrook 1994를 볼 것.

41 시드니에 대해서는 Worden 1996, pp.227~239를 주로 볼 것. 존슨에 대해서는 Barton 1984; Archer 1993, pp.95~120; Smuts 1994, 특히 pp.31~34 그리고 Worden 1994e를 볼 것.

42 네빌의 『다시 태어난 플라톤』은 1681년에 처음 출간되었다. Fink 1962, p.129를 볼 것. 네빌에 대해서는 Fink 1962, pp.123~148; Robbins 1959, pp.5~19; Pocock 1975, 주로 pp.417~422를 볼 것. 시드니와 『정부론』은 1681년에서 1683년 사이에 쓰여 졌으나 1698년에 가서야 출간되었다. Scott 1991, pp.201~202, 361을 볼 것. 시드니에 대해서는 Fink 1962. pp.149~149; Scott 1988과 1991; Houston 1991을 볼 것. 이 시기의 공화주의에 대해서는 Worden 1994d, pp.144~165를 볼 것.

43 나는 이 부분에 대한 이야기를 이미 Skinner 1974에서 상술하였다.

44 프라이스에 대해서는 Robbins 1959, pp.335~346을 그리고 그의 자유론에

대해서는 Thomas 1977, pp.151~173과 Miller 1994, 주로 pp.373~376을 볼
것. 미국혁명 시기의 공화주의적 논의에 대한 고전적인 설명은 Bailyn 1965,
주로 pp.55~93에서 찾아볼 수 있다. 또한 Houston 1991, pp.223~267도 볼
것. 이에 대한 최근의 가장 풍부한 연구로서는 Rahe 1992가 있다.

45 Gardiner 1906, p.388. 1650년대의 공화주의에 대한 최근 연구에 대해서는
Worden 1991; Scott 1992; Pocock and Schochet 1993을 볼 것. 또한 이에 대
한 탁월한 요약을 Worden 1994a, 1994b, 1994c에서 볼 수 있다.

46 Worden 1994a, pp.61~62에서 알 수 있듯이 1651년 9월 우스터Worcester 전투
에서 결정적인 승리를 거둔 후에야 비로소 이러한 활동이 전개되었다. 그 이
전에는 잔여 의회Rump Parliament의 '사실 상의de facto' 정부 이론이 지배적이었
다. 이에 대해서는Wallace 1964와 Skinner 1972를 볼 것.

47 Nedham 1767, p.xii. 니덤의 사설에 대해서는 Frank 1980, p.90을 볼 것.

48 니덤과 밀턴의 관계에 대해서는 Frank 1980, 주로 p.86과 Worden 1995를
볼 것.

49 Corns 1995, 주로 pp.36~40을 보면 공화국을 옹호하는 밀턴의 논고들은 이
미 공화주의적 가치들을 구체화하고 있었음을 알 수 있다. 그는 시민 정신의
이상을 정확하게 논파하고 있었다. 그러나 『성상파괴자들』에서는 자유에 대
한 신로마적 이론이 좀더 논쟁적으로 공격적 역할을 수행하고 있다. 이에 대
해서는 제2장의 주 40을 볼 것.『왕의 성상Eikon Basilike』를 비판하기 위해 밀턴
이 이용한 문학적 전략에 대해서는 Zwicker 1993, pp.37~59를 볼 것.

50 그러나 Worden 1994a, pp.57~59, 64~68에 의하면, 비록 니덤과 밀턴이 공
식적으로 공화국을 선전하는 글들을 썼지만 양자 모두 새로 수립된 체제에
대해서는 대단히 비판적이었다.

51 Wither 1874. 그가 연설문 형식으로 쓴『의회와 인민들에게To the Parliament and
People』는 1653년에 처음 나왔다. Smith 1994, pp.191~192, 230~232를 볼 것.

52 (Hall) 1700. 홀의 논고와 그것이 처음 나온 연대(1650)에 대해서는 Smith
1994, pp.187~190, 213~215를 볼 것.

53 [Osborne] 1811. 오스본의 논고와 그것이 처음 나온 연대(1652)의 추정에
대해서는 Wallace 1964. p.405를 볼 것. 또한 Smith 1994, pp.190~191도 볼
것.

54 스트리터에 대해서는 Smith 1995를 볼 것.

55 이렇게 새로 나온 책에 대해서는 Pocock 1975, pp.381~383; Frank 1980, pp.93~100; Worden 1994a, pp.74~81을 볼 것. 니덤의 지난번 사설들과 새로 나온 책과의 관계에 대해서는 Frank 1980, appendix B, pp.184~185를 볼 것. Worden 1994a p.81에 나와 있듯이, 니덤의 책은 1767년에 아메리카 식민지에 대한 논쟁의 맥락에서 재출간되었다. 이것이 내가 사용한 판이다.

56 이 책의 출간 연대와 맥락에 대해서는 Pocock 1977, pp.6~14를 볼 것. 고전적 공화주의자로서 해링턴에 대해서는 Pocock 1975, 주로 pp.383~400과 Pocock 1977, 주로 pp.43~76을 볼 것. 포콕의 해석에 대한 의심들, 특히 해링턴이 오히려 홉스의 추종자에 가깝다고 보는 견해에 대해서는 Rahe 1992, pp.409~426과 Scott 1993, pp.139~163을 볼 것.

57 1650년대 말 밀턴의 공화주의의 일관성에 대해서는 Dzelzainis 1995를 볼 것.

58 Robbins 1959, p.32; Scott 1988, pp.86, 100~101.

59 신로마저 이론가들은 빈번하게 '시민 사회civil society'라는 용어를 사용했다. 그러나 그것은 단지 자연 상태와 인간들이 국가의 구성원으로서 살아가는 상태를 구분하기 위한 것이었다. 예를 들어 Harrington 1992, pp.8, 23을 볼 것. 그 결과 그들은 때때로 시민 사회와 가족을 대비시키기도 했다. 예를 들어, Sidney 1990, II. 5, p.96을 볼 것.

60 나는 자유를 의미하는 두 단어 'freedom'과 'liberty'를 구별하지 않고 사용해 왔고 앞으로도 그럴 것이다. 물론 Pitkin 1988이 지적처럼 두 단어는 동의어가 아니다. 그러나 내가 다루는 저술가들 가운데서 그 차이를 철학적으로 중요하게 생각한 저술가는 없었다. 예를 들어 Hobbes 1996, p.145에서 볼 수 있듯이 홉스는 신민의 자유를 논하는 장을 시작하면서 'LIBERTY, or FREEDOME'이라고 두 단어를 같이 쓰고 있다.

61 비록 내가 언급하고 있는 작가들은 일반적으로 강요constraint의 부재라기보다는 억제restraint의 부재에 대해서 말하고 있다. 하지만 그들은 강제적으로 무엇을 하지 못하게 하는 것뿐만 아니라 무엇을 강제적으로 하게끔 하는 것도 자유를 훼손시키는 것이라고 생각한다. '강요'가 두 경우 모두를 포괄하고 '억제'는 후자의 경우만을 포괄하기 때문에 강요라는 단어를 사용하는 것이 더 좋을 듯싶다. 해링턴은 이 문제에 대해 알고 있었으며 의식적으로 강요라는 단어를 더 선호했다(Harrington 1992.p.22). 네빌도 마찬가지였다. Neville

1969, 예를 들어 p.111. 이러한 용어들에 대한 전문적 논의에 대해서는 Long 1977, pp.54~61에 나와 있는 제러미 벤담과 존 린드John Lind 간에 교환된 서신 내용에 대한 설명을 보라. Miller 1999, pp.393~395.와 Pettit 1997, p.42도 참조하라.

62 Machiavelli 1960, I. 16, p.174와 II. 2, p.284를 보라. 거기서 그는 '공동의 공리commune utilita'과 '이익profitti'에 대해서 얘기하고 있지만 '권리diritti'에 대해서는 전혀 언급하지 않았다.

63 이 배경에 대해서는 Salmon 1959, 특히 pp.80~88, 101~108을 보라.

64 Milton 1991, p.8. 아울러 Neville 1969, p.85와 Sidney 1990, I. 2, pp.8~9도 참조하라.

65 Milton 1980, p.455. 또한 Neville 1969, p.130도 참조하라. 따라서 권리에 대한 취급이 이렇듯 다르다고 해서 시민적 자유에 대한 신로마적 설명과 계약론적 설명을 구분하는 것은 불가능하다. 나는 이전에 르네상스시대의 원전들에만 초점을 맞춘 나머지 이외는 다른 주장을 한 바 있다. Skinner 1983, 1984, 1986을 보라. 그러나 이에 대한 타당한 비판으로서 다음을 참조하라. Houston 1991, 특히 p.137. 그리고 Charvet 1993, 특히 pp.11~14.

66 Nrdham 1767, pp.87, 11.

67 17세기 말 잉글랜드의 모든 정파들이 이러한 주장을 받아들였다. Harris 1990을 보라.

68 [Hall] 1700, pp.10, 15. 토머스 제퍼슨이 해링턴을 읽었다는 것을 생각해볼 때, 그리고 제퍼슨이 이어서 '생명, 자유 그리고 행복의 추구'를 함께 엮어서 말했다는 것을 생각해볼 때, 존 홀의 논고가 J. H.라는 이니셜로 1700년에 존 롤런드가 편집한 해링턴 전집에 전재되었다는 사실은 시사하는 바가 크다. 내가 본 것도 바로 이 판이었다.

69 Nedham 1767, pp.72~73.

70 Sidney 1990, III. 16, p.403. 또한 III. 21, p.444와 III. 25, pp.464~465도 참조하라.

71 Neville 1969, pp.122, 125, 131, 185. 또한 Locke 1988, 특히 II. 123, p.350을 참조하라. 이러한 권리에 대한 로크의 설명에 대해서는 Tully 1980, pp.163~174를 보라.

72 이 시기에 이르러, 내가 지금 말하고 있는 저술가들의 주장들은 내전이 발발

했을 때 의회를 옹호했던 사람들이 공유했던 것들이다. 그들은 '군주살해론' 을 언급하곤 했었는데—앞서 본 바와 같이 그중에서도 헨리 파커에 의해 제 기되었다—이에 따르면 인민들은 본성상 자유롭고 처음부터 주권자이기 때 문에 그들의 이익을 위해 주권을 왕에게 단순히 위임한 것에 불과하다는 것 이다. 또한 주권을 위임했다고 해도 인민들은 주권의 궁극적 권리들을 가지 고 있다. 따라서 그들의 이익을 위해 행동하지 않고 오히려 위해를 가하는 그 어떤 지배자도 제거할 수 있는 권리도 거기에 포함된다는 것이다. 이러한 '군주살해론'에 대해서는 Skinner 1978, vol. II, pp.302~348을 보라. 파커가 1642년에 이 이론을 어떻게 구체화시켰는지에 대해서는 Parker 1934, 특히 pp.168, 170~171, 186을 보라. 어떤 학자들은 이러한 계통의 사상들에 대해 '공화주의적'이라고 해석했다. 예를 들어 Tuck 1993, pp.221~253을 보라. 그 러나 파커가 폭정에 반대한 것은 분명하지만, 또한 그의 논지가 국왕 처형을 옹호하는 데 이용할 수 있는 것이었지만—밀턴이 그랬듯이—그것은 군주제 라는 제도를 거부하는 것을 구체화한다는 의미에서 공화주의적인 것은 본 질적으로 아니었다. 파커 그 자신이 그는 '군주제에 매료되어' 있다고 말하 고 있는 것이다. [Parker] 1934, p.207을 보라. 완전히 무르익은 공화주의는 내가 논의하고 있는 저술가들의 두 가지 독특한 전제들이 '군주살해론'에 합 쳐지고 나서야 나타난다.

73 그러나 여기에 대한 참고 자료가 없다는 것은 결코 아니다. 로마적 배경에 대해서는 Wirszubski 1960과 Brunt 1988을 보라. 마키아벨리의 자유론에 대 해서는 Colish 1971을 보라. 마키아벨리와 해링턴의 자유론에 대해서는 이 제는 고전이 된 Pocock 1975, 특히 pp.186~188, 196~199, 392~393을 보라. 시드니에 대해서는 Scott 1988, 특히 pp.35~42; Houston 1991, 특히 pp.108~122; Scott 1991, 특히 pp.201~228을 보라. 일반적인 논의에 대해 서는 Pettit 1997, 특히 pp.17~78을 보라. 나는 각별히 이 책에서 많은 것을 배웠다.

74 Pettit 1997, p.15는 이 저술가들을 '공화주의적 자유'의 주창자로 규정한다. 그러나 이미 말했듯이, 이러한 용어 사용은 자칫 오도될 수 있다. 어떤 사람 들은 군주제라는 제도를 폐지한다는 엄격한 의미에서 공화주의자였던 반면 에, 다른 사람들은 그들의 자유론이 군주제적 정부의 규제된 형태와 양립 가 능하다고 강조했던 것이다.

75 Worden 1994a, p.46은 대조적으로 "공화주의는 덕의 정치로서 가장 명백하게 자신을 정의한다"고 주장한다.

76 Wirszubski 1960, pp.4~5는 로마의 자유론에 대해서도 이 점을 강조하고 있다. 반대로 1642년에 나온 파커의 책처럼 '군주살해론'의 내용을 담은 저술들은 자유국가에 대한 논의를 하지 않고 있다. 즉 잉글랜드가 자유국가가 될 수 있는가 혹은 되어야만 하는가와 같은 질문이 제기되지 않고 있다.

77 Milton 1962, pp.343, 472, 561; Milton 1980, pp.420, 424, 432.

78 Harrington 1992, p.19. 밀턴 1980, pp.407, 409, 421, 424, 429, 456, 458에 반복적으로 언급된 자유 공화국이라는 용어도 참조하라.

79 Sidney 1990, II. 31, p.303; III. 34, p.514 참조.

80 Nedham, 1767, 책 제목 표지.

81 Nedham 1767, pp.4, 62, 173. 시드니는 국민의 육체라는 말을 더 좋아한다. Sidney 1990, II. 19, p.180; III. 44, p.565를 보라.

82 Harrington 1992, pp.24, 273.

83 Neville 1969, p.82.

84 Neville 1969, pp.73~74.

85 Neville 1969, p.81.

86 Neville 1969, p.76.

87 이러한 유추는 내가 얘기하는 17세기 저술가들 모두에서 찾아볼 수 있다. 또한 18세기의 몇몇 공화주의자들도 훨씬 더 명확하게 이러한 유추를 사용하고 있다. 예를 들어, Price 1991, pp.22, 79, 84를 보라.

88 Machiavelli 1960, I. 2, p.129에서 종속 상태에서 벗어난 도시는 '자신의 의지로 지배하는' 도시라고 말하고 있다.

89 Nedham 1767, p.2. 이 외에도 여러 군데에서 이런 표현을 쓰고 있다.

90 Sidney 1990, III. 16, p.403.

91 존 로크가 그의 『정부 이론』에서 말하는 동의와 대조해보라. Dunn 1969, pp.141~147.에 나와 있는 것처럼, 로크는 그 개념을 오직 정당성 있는 정부의 기원에 대해서 말할 때만 사용하였다. Locke 1988, 특별히 II. 95~122, pp.330~349를 참조하라. 내가 다루고 있는 저술가들은 좀더 급진적 요구를 덧붙였는데, 각각의 법은 그것을 지켜야 하는 사람들의 동의를 얻어 제정되어야 한다는 것이다. 이와 관련된 로크의 정치적 자유에 대한 견해에 대해서

는 Tully 1993, pp.281~323을 보라.

92 Nedham 1767, pp.xxii, 32~33; pp.28~29, 114~115도 참조.

93 Harrington 1992, p.22.

94 Sidney 1990, II. 5, p.99.

95 예를 들어 Berlin 1958, 특히 pp.17, 19, 43에 나와 있는 경고적 언급을 보라.

96 Harrington 1992, p.166.

97 [Osborne] 1811, p.164.

98 Sidney 1990, II. 5, p.104.

99 Nedham 1767, pp.xv, 23.

100 Milton 1962, p.519.

101 Sidney 1990, I. 5. p.17; II. 5, p.99; III. 31 p.502 참조.

102 Harrinton 1992, p.24; Sidney 1990, II. 5, pp.102~103. 참조.

103 More 1965, pp.112, 122.

104 Milton 1980, p.458.

105 Milton 1980, p.459.

106 Nedham 1767, p.38.

107 Milton 1962, p.343.

108 Neville 1969, p.102.

109 Sidney 1990, II. 19, p.189.

110 여기에서 좀더 깊은 헌정적 함의를 읽어낼 수 있다. 공화국의 자유가 유지되려면 인민(혹은 그들의 대표자들)이 적극적인 의지로 공동선을 위해 그들의 시간과 정력을 바쳐야 한다는 것이다. 이러한 주장을 르네상스시대의 문헌에 나오는 용어를 사용해 말하면, 인민은 덕virtu을 지녀야 한다는 것이다. 그러나 문제는 덕은 자연적 품성으로서 발현되는 경우가 거의 드물다는 점이다. 대부분의 인민들은 공동선보다는 자신의 이익을 좇는 것을 선호한다. 다시 르네상스 용어로 바꾸면, 인민은 덕이 아니라 부패corrozione로 기울어지는 성향이 있다. 여기서 나오는 주된 헌정적 함의는 시민적 덕이 고취되기 위해서는—그리고 공공의 자유가 그것에 의해 고양되려면—인민의 자유를 유지하기 위해 필수적으로 갖추어야 할 조건들을 훼손시키는 인민의 자연적이지만 동시에 자기기만적인 성향을 억제하는 법이 필요하다는 것이다. 이러한 논의에 대해서는 Skinner 1981, 특히 pp.56~73 그리고 Skinner 1983과

1984를 보라. 시민 정신의 공화주의 이론 안에서 시민적 덕의 위치에 대해서는 Oldfield 1990, 특히 pp.31~77 그리고 Spitz 1995, 특히 pp.341~427을 보라. 지금 다루고 있는 저술가들 가운데 루소식으로 인민들은 자유롭게 강요되어야 한다는 생각에 대해서는 Milton 1980, 특히 p.455를 보라.

111 [Osborne] 1811, p.163.

112 Nedham 1767, pp.ix~x.

113 Milton 1980, pp.429, 447.

114 Harrington 1992, 특히 pp.64~66.

115 Harrington 1992, pp.21~22.

116 Harrington 1992, pp.22, 64~66.

117 Neville 1969, pp.103, 192.

118 시드니의 가계에 대해서는 Scott 1988, pp.43~58을 보라.

119 Sidney 1990, I. 10, p.31; II. 16, pp.166~170; III. 37, pp.526~527.

120 최근에 많은 학자들이(Rahe 1992를 주목하라) 고대 공화주의와 근대 공화주의를 명확히 구분해야 한다고 주장하는 이유 하나만 놓고 보더라도, 이 점을 강조하는 것이 중요해 보인다.

121 Wirszubski 1960, pp.1~3; Poccock 1977, p.57; Worden 1994b, pp.100~101도 이처럼 자유와 노예 상태를 대비시키는 것을 주목하고 있다. 자유와 노예 상태의 구분을 시드니의 논의 출발점으로 보는 것에 대해서는 Houston 1991, pp.102, 108~122를 보라. 그러나 이러한 대비의 중요성을 가장 강조한 학자는 바로 페티트다. Pettit 1997, 특히 pp.22, 31~32를 보라. 나는 그의 논의에서 배운 바가 크다.

122 Machiavelli 1960, I. 1, p.129를 보라. 그는 로마가 '본원적 자유'를 구가했다고 주장한다.

123 Machiavelli 1960, I. 1, p.126을 보라. 그는 피렌체에 '자유의 기원'이 결핍되었다고 주장한다.

124 Machiavelli 1960, I, 2, p.129.

125 [Hall] 1700, p.15.

126 마키아벨리의 『논고』에 대한 밀턴의 연구(1651~1652년에 착수되었는데)에 대해서는 Armitage 1995, p.207과 각주를 보라.

127 Milton 1980, pp.407, 409, 422, 448~449.

128 Sidney 1990, I. 5, p.17.

129 노예제에 대한 로마 법률가들의 견해는 Garnsey 1996, 특히 pp.25~26, 64~65, 90~97에 인용, 논의되고 있다.

130 Digest 1985, I. 5. 3, p.15. Summa itaque de iure personarum divisio haec est, quod omnes homines aut liberi sunt aut servi.

131 이 점은 Wirszubski 1960, pp.1~3과 Brunt 1988, pp.283~284에서 강조되고 있다. 그러한 대조는 제1권에서 노예와 자유인의 다른 지위에 대한 설명에서 이미 희미하게 나타난다. 그것이 분명해지는 것은 제40권에서 노예 해방에 대한 부분이다. Digest 1985, vol. III, pp.421~486을 보라.

132 Digest 1985, I. 5. 4, vol. I, p.15. Servitus est······ qua quis domino alieno contra naturam subicitur.

133 『학설집』 제1권은 노예도 인간임을 인정한다. 그러나 제41권에서 소유권을 다룰 때에는 아리스토텔레스가 이미 규정한 대로 노예는 단순히 생명이 있는 도구라는 점을 분명히 한다. 이러한 이중적 태도에 대해서는 Garnsey 1996, pp.25~26을 보라.

134 이 주제는 플라우투스plautus의 희극에서 끊임없이 반복된다. 특히 『Bacchides』, 『Epidicus』, 『Mostellaria』, 『Pseudolus』를 보라.

135 막이 오르면서 트리아노의 주인은 3년간 이집트에 가 있어서 자리를 비운 것으로 시작된다. Plautus 1924, 78~79행, p.296을 보라.

136 Digest 1985, I. 6. titulus, vol. I, p.17. De his qui sui vel alieni iuris sunt.

137 Digest 1985, I. 6. 3, vol. I, p.18. Item in potestate nostra sunt liberi nostri······quod ius proprium civium Romanorum est. Brunt 1988, pp.284~285. 참조.

138 Digest 1985, I. 6. 1, vol. I, p.17. alieno iuri subiectae sunt.

139 Digest 1985, I. 6. 1, vol. I, p.18. in aliena potestate sunt.

140 Pettit 1997, pp.32, 35에서 이 점을 제대로 강조하고 있다.

141 Digest 1985, I. 6. 2, vol. I, p.18.

142 Plautus 1924, line 37, p.292.

143 『학설집』에서 노예제에 대한 논의는 이후에도 계속되는데 이러한 논조가 반복되고 있다. 예를 들어 Digest 1985, 2. 9. 2, vol. I, p.52; 9, 4, 33, vol. I, p.303; 11. 1. 16, vol. I, p.339; 48. 10. 14, vol. IV, p.825. 가장 심도 깊은 논

의는 제41권에서 사물의 소유권의 획득에 관한 논의를 보라. 특히 41. 1. 10,
vol. IV, p.491과 41. 1. 63, vol. IV, p.500.

144 이것은 전적으로 시대착오적인 주장일 수도 있다. 『학설집』에서 끄집어낸
견해들은 물론 앞선 시대의 법률가들의 그것을 모아놓은 것이다. 그리고 바
로 이러한 공동의 배경에 로마의 도덕주의자들과 역사가들도 의존했다. 특
히 그들이 노예를 다른 사람의 처분권 안에 있는 것으로 기술할 때 이 점이
잘 드러난다. 예를 들어 Seneca, De Ira, 3. 12. 7 (Seneca 1928~1935, vol. I,
p.286) 그리고 Seneca, De Beneficiis, 3.22.4 (Seneca 1928~1935, vol. Ill, p.168)
를 보라. 노예를 타인의 처분권 안에 있는 인신으로 보는 것에 대해서는 Livy
8. 15. 8 (Livy 1926, p.62) 그리고 Livy 37. 34. 4(Livy 1935, p.388)을 보라.

145 Digest 1985, 11. 3. 14. vol. I, p.344; 18. 1. 81, vol. II, p.526; 26. 7. 57, vol. n,
p.772; 34. 1. 15, vol. iii, p.145; 46. 1. 47, vol. IV, p.693; 48. 15. 1, vol. IV,
p.834.

146 신약 성경에 의하면—여기에는 로마의 도덕 철학의 가정에 의존한 점이 매
우 빈번히 나타나는데—이러한 관계는 신과 우리 자신의 관계의 본질을 보
여준다. 즉 우리는 전적으로 신의 자비에 의존해 있다. 이러한 표현은
1611년 제임스 1세의 재가로 편집된 흠정 번역 성서가 루카복음 2장 14절
을 번역할 때 처음으로 '선의'라는 단어를 어떤 사람의 처분대로 살아가는
사람들이 그 사람에게 바라는 자비를 표현하는 방식으로 사용한 데서 기인
한다.

147 Sallust 1931, 20. 6~7, p.34: postqum res publica in paucorum potentium ius
atque dicionem concessit …… ceteri omnes eis obnoxii. 리비우스도 마찬가
지로 어떤 공동체가 다른 공동체의 처분에 맡겨지게 되었을 때 그것을 '역겨
운' 상태라고 표현했다. Livy 1924, p.456: Livy 37. 53. 4 (Livy 1935, p.446)을
보라.

148 Sallust 1931, 20. 6~7, p.34. 그는 예종 상태의 삶을 자유의 상실이라고 말한
다.

149 Seneca, De Beneficiis, 3. 20. 1 (Seneca 1928~35, vol. III, p.164.) 노예 상태를
'corpora obnoxia sunt et adscripta dominis'인 상태라고 말한다.

150 Tacitus, The Annuals, 14. 40 (Tacitus 1914~37, vol. V, p.172.) 그리고 Tacitus,
The Annuals, 11. 7 (Tacitus 1914~37, vol. IV, p.256.)을 각각 보라.

151 Tacitus, The Annuals, 14. 1 (Tacitus 1914~37, vol. V, p.106)

152 리비우스의 자유국가에 대한 견해에 대해서는 Wirszubski 1960, pp.9~12를
보라.

153 『로마사』는 1600년에 처음으로 영어로 번역되었다. 콜린슨은 엘리자베스
여왕 치세 말에 접어들어 민초들의 공화주의가 싹을 틔운다고 보면서 이 년
도를 제시했다. Livy 1600을 보라. 또한 Collinson 1987, 특히 pp.399~402
그리고 Collinson 1990, 특히 pp.18~28. 참조.

154 이러한 언급에 대해서는 Livy 3. 38. 9 (Livy 1922, p.126.); Livy 6. 20. 14 (Livy
1924, p.266.); Livy 6. 40. 6 (Livy 1924, p.336.)을 보라.

155 Livy 2. 1. 7 (Livy 1919, p.220.); Livy 4. 24. 4~5 (Livy 1922, p.332.)

156 Livy 2. 3. 2~4 (Livy 1919, p.226.); Livy 3. 45. 1~2 (Livy 1922, p.146.)

157 Livy 1. 17. 3 (Livy 1919, p.218.): 'imperiaque legum potentiora quam
hominum.' 키케로와 살루스티우스도 비슷한 언급을 했는데 이에 대해서는
Wirszubski 1960, p.9를 보라. 『오세아나』에서 해링턴이 이러한 언급들을 이
용한 것에 대해서는 제2장 주 39를 보라.

158 Livy 1. 17. 3 (Livy 1919, p.60.); Livy 1. 46. 3 (Livy 1919, p.160.); Livy 2. 1. 1
(Livy 1919, p.218.); Livy 2. 9. 2~6 (Livy 1919, p.246.); Livy 2. 15. 2~3 (Livy
1919, pp.266~8)

159 Livy 1. 23. 9 (Livy 1919, p.80.); Livy 3. 37. 1 (Livy 1919, p.120.); Livy 3. 61.
1~3 (Livy 1992, p.204); Livy 4. 15. 6 (Livy 1922, p.308.)

160 Livy 5. 20. 3 (Livy 1924, p.68.); Livy 8. 19. 12 (Livy 1926, p.76.)

161 Livy 42. 13. 12 (Livy 1938, p.330.)

162 Livy 35. 32. 11 (Livy 1935, p.94.)를 보라. 자유를 'quae suis stat virbus, non
ex alieno arbitrio pendet.'의 함량이라고 본다. Wirszubski 1960, p.9. 참조.

163 Harrington 1992, pp.20, 30. 그러나 17세기 사상가들의 노예제에 대한 이해
의 원천에 대한 또다른 대조적인 설명에 대해서는 Houston 1991,
pp.108~10을 보라.

164 Harrington 1992, p.10.

165 Neville 1969, pp.81, 97, 126. 이에 필적하는 시드니의 마키아벨리에 대한
찬양에 대해서는 Scott 1988, pp.30~5를 보라. 이와 반대로 헨리 파커와 같
은 1640년대 '군주살해론' 저술가들은 마키아벨리를 혐오했음을 주목하라.

파커는 마키아벨리를 '피렌체의 비열한 정치가'라고 불렀다. [Parker 1934, p.185]

166 예를 들어 Milton 1962, p.529; Sidney 1990, II. 27, pp.263~70을 보라.

167 Macauly 1863, vol. I, pp.108, 110. Rapin 1732~3, vol. ii, p.406, col. 2에서도 이러한 해석이 분명히 나타난다. 래핀은 그 사건을 '찰스 1세가 취할 수 있었던 행동들 가운데 가장 신중하지 못했고 가장 치명적인 처사'였다고 기술했다. 래핀의 역사 서술이 영국 혁명에 대한 휘그적 해석에 기초를 제공했다는 견해에 대해서는 Forbes 1975, pp.233~240을 보라. 그 사건의 세세한 내용에 대해서는 Kenyon 1966, pp.195~196을 보라.

168 Neville 1969, p.129도 함께 보라.

169 Milton 1962, p.377.

170 Milton 1962, pp.377, 389.

171 Milton 1962, p.462.

172 Price 1991, p.30.

173 Price 1991, p.45.

174 [Osborne] 1811, p.164; Nedham 1767, pp.28~30, 42~45, 97~99 참조.

175 Milton 1962, p.458.

176 Milton 1962, p.410.

177 Milton 1962, p.409.

178 Milton 1962, p.579.

179 Neville 1969, p.128; p.110도 참조.

180 특히 Neville 1969, pp.174~175를 보라.

181 이것은 예를 들어 시드니와 네빌 같은 '공화주의적' 저술가들도 좋아하던 헌정적 모델이었다. Sidney 1990, I. 10, pp.30~31 그리고 II. 16, pp.166~170을 보라; Neville 1969, pp.171~195 참조. Sidney 1990, II. 19, p.188에서 시드니는 '왕에 대해서 불경스럽게 말하는 것보다 더 내 의도에서 멀리 벗어난 것은 없다'고 주장한다. 한편 Neville 1969, p.141에서 네빌은 '찰스 2세의 행복한 왕정 복귀'를 환영하고 있다.

182 Machiavelli 1960, I. 2, p.129. 이에 대한 논의는 Colish 1971과 Skinner 1983을 보라.

183 이러한 이유 때문에 여기서 논의하는 자유를 공화주의적 자유라고 부르는

것이 부적절하다는 점을 강조하고 싶다. 그러나 엄격한 의미의 공화주의와 여기서 논의하는 자유의 특정 이론은 밀접히 연관되어 있다. 이에 대해서는 바로 아래 주 180을 보라.

184 그 결과 존 로크처럼 여기서 논의하는 자유론을 왕정이라는 제도에 반대한 다는 엄격한 의미의 공화주의자가 되지 않고도 옹호하는 정치 저술가들도 있지만, 여기서 다루는 공화주의자라고 자처하는 모든 저술가들은 여기서 논의하는 자유론을 옹호하면서 그것을 그들의 왕정에 대한 거부를 강화하는 데 이용한다.

185 [Hall] 1700, pp.3, 15.

186 [Osborne] 1811, pp.162, 164, 165.

187 [Hall] 1700, p.3.

188 [Osborne] 1811, pp.165, 167.

189 [Osborne] 1811, p.165.

190 [Osborne] 1811, p.164.

191 [Osborne] 1811, p.173.

192 [Hall] 1700, p.3.

193 [Hall] 1700, pp.5, 14; [Osborne] 1811, pp.168, 169, 170, 175.

자유국가의 신로마적 이론

194 Hobbes 1996, p.149.

195 Filmer 1991, p.275.

196 그 가운데 아마도 가장 유명한 두 예가 19세기의 뱅자맹 콩스탕과 20세기 후반의 아이제이아 벌린일 것이다. Constant 1988, 특히 pp.309, 316~17 그리고 Berlin 1958, 특히 pp.39~47을 보라.

197 예를 들어 Scott 1993, p.152 각주를 보라.

198 살루스티우스의 주장과 그 영향력에 대해서는 Skinner 1990b를 보라.

199 Sallust 1931, 6. 7, p.12.

200 Sallust 1931, 7. 3, pp.12~14.

201 Sallust 1931, 7. 2, p.12.

202 국가의 위대함(grandezza이라는 주제에 대한 마키아벨리의 견해에 대해서는

Skinner 1981, 특히 pp.50~57 그리고 Skinner 1990b, 특히 pp.138~141을 보라.

203 Machiavelli 1960, II. 2, p.280.

204 Harrington 1992, p.33.

205 Nedham 1767, p.xxvi.

206 Sallust 1931, 11. 4, pp.18~20.

207 이에 대한 탁월한 연구는 Armitage 1995, pp.206~214를 보라.

208 Harrington 1992, p.44.

209 Worden 1991, pp.467~468이 강조하듯이, 로버트 몰스워스Robert Molesworth와 존 트렌차드John Trenchard와 같은 신로마적 전통의 후대 잉글랜드 저술가들은 명백히 정복과 군사적 영광의 추구를 폄하했다.

210 Wirszubski 1960, p.3은 이 점을 매우 강조한다. 로마의 법에 따르면 '시민의 자유와 국가의 내적 자유는 같은 사물의 다른 면'이었다는 것이다.

211 Machiavelli 1960, II. 2, p.174.

212 Machiavelli 1960, II. 2, p.284.

213 Harrington 1992, p.20. 시드니는 나중에 이것을 다른 방식으로 다음과 같이 거침없이 말한다. '공적 자유를 반대하는 자는 그 자신의 자유를 전복시킨다.' Sidney 1990, I. 5, p.18을 보라; II. 27, p.263; II. 28, p.270 참조.

214 Nedham 1767, p. v.

215 Nedham 1767, p.11.

216 Milton 1980, p.458.

217 햄든의 경우에 대해서는 Kenyon 1966, pp.104~105, 109~111을 보라.

218 Milton 1962, pp.448~449, 574~575.

219 나는 이미 신로마적 이론가들과 그들을 비판하는 고전적 자유주의자들 사이에 문제가 되는 것은 자유의 의미에 대한 이견이 아니라 단지 자유가 보장되었을 때 처해지는 상황에 대한 것이라고 주장한 바가 있다. Skinner 1983, 1984, 1986을 보라. 그러나 필립 페티트는 나에게 두 학파가 사실상 (그 무엇보다도) 자유의 의미 그 자체에 대해 이견을 보인다는 것을 확신하게 해주었다.

220 [Hall] 1700, pp.3, 6.

221 [Osborne] 1811, p.164.

222 Nedham 1767, pp.48~49.

223 Sidney 1990, I. 5, p.17.

224 이와 똑같이 개인적 자유와 노예 상태를 대조하는 것에 대해서는 Sidney 1990, I. 10. p.31; I. 18, p.57을 보라.

225 Bolinbroke 1997, 특히 Letter XIX, pp.177~191.

226 이 주장은 가장 앞 세대의 '휘그' 역사가들이 잉글랜드 혁명을 기술할 때 정식으로 받아들였다. 예를 들어 Rapin 1732~1733, vol, II, p.431, col. 1을 보라. 그는 '이것이 가장 직접적인 원인이 되어 내전이 곧장 발발하게 되었다'고 말한다.

227 Milton 1962, p.454.

228 상비군이 각별히 자유에 위협이 된다는 주장에 대해서는 Skinner 1974, 특히 pp.118~120, 123을 보라.

229 근대 국가가 이러한 요구 조건을 충족시키기 위해서는 어떤 헌정적 형태가 필요한지에 관한 연구에 대해서는 Pettit 1997, pp.171~205을 보라.

230 이것이 이 저술가들이 개인의 자유를 어떤 의미로는 정치적 참여의 덕 혹은 권리와 동일시했다고, 즉 자유가 자치 정부의 구성원이 될 때 가능하다고, 말하는 것은 아니다. (그러나 예를 들어 Miller 1991, p.6; Wooton 1994, pp.17~18; Worden 1994d, p.174는 그들이 자유와 덕, 참여를 동일시했다고 본다.) 이 저술가들은 참여는 (적어도 대의제라는 수단으로 참여하는 것은) 단지 개인적 자유의 유지를 위한 필요조건일 뿐이라고 주장한다. Skinner 1983, 1984, 1986을 보라. 그리고 Pettit 1997, p.27~31 참조.

231 Milton 1991, pp.32~3. Corns 1995, p.26은 밀턴은 그 책에서 '공화주의자라기보다는 군주처형자로 보인다'고 말한다. 나도 여기에 동의하지 않는 것은 아니지만, 밀턴의 자유국가와 인신적 예종 상태에 대한 언급은 (헨리 파커와 같은) 1640년대의 '군주살해론' 저술가들보다 공화주의로 변할 수 있는 준비가 훨씬 더 잘 되어 있었음을 보여주는 것이라고 생각한다.

232 이와 같은 논의가 그후에 어떻게 펼쳐졌는가에 대해서는 Nedham 1767, pp.32~33; Milton 1980, pp.427~428; Sidney 1990, III. 21, pp.439~446을 보라.

233 Harrington 1992, pp.19~20.

234 나는 Pettit 1997, pp.73~78에 나온 것처럼 펠리를 예로 선택했다. 왜냐하면 이렇게 함으로써 펠리의 반박에 대한 나의 생각과 페티트의 생각이 어떻게

다른가를 대조할 수 있기 때문이다. 펠리의 공리주의에 대해서는 Lieberman 1989, 특히 pp.5, 210~211을 보라; 그의 시민적 자유에 대한 견해에 관해서는 Miller 1994, pp.397~399를 보라.

235 Paley 1785, p.447.

236 대학교재로서 그 인기에 대해서는 LeMahieu 1976, pp.155~156을 보라.

237 그것에 대한 반박에 관해서는 Pettit 1997, pp.77~78을 보라.

238 나는 예를 들어 Rawls 1971이 이러한 의미에서 유토피아적이라고 생각한다. 그러나 그렇다고 해서 그것이 나쁜 것이라고는 생각하지 않는다.

239 Paley 1785, p.443.

240 Paley 1785, p.444~445.

241 Paley 1785, pp.446~447. 조지프 프리스틀리Joseph Priestley도 1768년에 같은 지적을 했다. Priestley 1993, pp.32~33을 보라. 또한 Canovan 1978과 Miller 1994, pp.376~379 참조.

242 Paley 1785, p.445. 그러나 펠리가 같은 쪽에서 암시하고 있듯이 실제로도 그렇게 생각할 이유가 없다고 할 수도 있다. 왜냐하면 '인민들의 회의체의 결의와 마찬가지로 전제 군주의 칙령도 똑같이 인민의 복지와 편의를 진지하게 그리고 선견지명을 가지고 고려하고 있다고' 생각해야 하기 때문이다.

243 예를 들어, 페티트는 펠리와 같은 고전적 자유주의 이론가들이 부자유를 간섭이라는 의미로 분석하는 반면에 그것과 경쟁적인 관계의 이론가들은 부자유를 간섭으로부터의 안전이라는 관점에서 분석한다고 양보하는 듯이 보인다. Pettit 1997, pp.24~27, 51, 69, 113, 273을 보라. 또한 Pettit 1993a와 1993b도 참조. (로마의 평민들이 자유를 위한 투쟁을 안전을 위한 투쟁으로 본 것에 대해서는 Pitikin 1988, pp.534~535 참조) 따라서 페티트는 펠리가 인식하지 못한 것이 신로마적 저술가들은 단지 특수한 종류의 안전을 추구했으며 또한 그것을 특수한 종류의 간섭에 대한 대항으로서만 추구했다는 사실이라고 반박하는 데 그쳤다. Pettit 1997, pp.73~74를 보라. 그러나 Pettit 1997, p.5도 참조. 거기서 그는 '자의적 지배에 종속된' 인간들은 '정말로 부자유스럽다'고 기탄없이 선언한다.

244 벤담은 이러한 자신의 '발견'에 대해서 1776년 존 린드John Lind에게 보낸 편지에서 처음 이야기했다. 그 편지는 Long 1977, pp.54~55에 인용되어 논의되고 있다. 또한 Miller 1994, pp.393~397도 보라. 나는 이미 신로마적 저술

가들이 소극적 자유론자들이었음을 밝힌 바 있다. Skinner 1983, 1984, 1986을 보라. 같은 결론을 내린 연구들에 대해서는 Spitz 1995, pp.179~220, Patten 1996 그리고 Pettit 1997, pp.27~31을 보라.

245 페티트는 개인의 자유를 제한하는 것은 단지 자의적인 지배이기 때문에 이미 동의한 법에 복종하는 것은 '전적으로 자유와 양립한다'는 견해를 '공화주의적' 자유의 옹호자들에게 전가한다. Pettit 1997, p.66; pp.55, 56n., 104, 271 참조) 그러나 그들은 절대로 그러한 역설을 받아들이지 않았다. 그들이 생각하는 법의 지배와 개인적 대권에 의한 지배와의 차이점은 전자는 자유를 완전히 보장하고 후자는 그렇지 못하다는 것이 아니었다. 그것은 전자는 단지 강요할 뿐이고 후자는 거기에 덧붙여 종속 상태로 만든다는 것이라고 할 수 있다. 이와 같이 자유가 법에 의해 제약을 받는다는 생각이 고대 로마에서도 존재한 것에 대해서는 Wirzubski 1960, pp.7~9를 보라.

246 자유주의적 자유론에 대한 '대안적 이상'은 자유는 간섭이라기보다는 '지배의 반대어로 규정하는 것'이라는 견해에 대해서는 Pettit 1997, pp.66, 110, 273을 보라. 그는 그 대안의 전통은 자유의 이름으로 간섭의 부재 그 이상을 요구한다고 주장한다. Pettit 1997, pp.51, 148 참조. 이러한 주장은 신로마적 이론가들이 부자유는 간섭에 의해서도 혹은 종속에 의해서도 나타난다고 보았다는 것을 의미한다. 나는 이 주장이 맞는다고 생각한다.

247 나는 이것이 내가 공화주의들과 자유주의자들 사이의 그 어떤 흥미로운 이견도 지적하지 못했다고 불만을 토론하는 비판자들에 대한 충분한 답이 되기를 희망한다. 이러한 비판에 대해서는 Patten 1996, 특히 pp.25, 44를 보라.

248 자유에 대한 신로마적 설명과 고전적 자유주의적 설명은 자율에 대한 상반되는 이해를 보여주고 있다고 말할 수도 있다. 후자는 강요당하지 않고 자신의 의지대로 행동할 수 있기만 하면 자율적이라고 보는 반면에, 전자는 강요당할 수 있는 위험에서 벗어나 있을 때만 비로소 자율적이라고 할 수 있다고 본다.

249 소극적 자유에 대한 논쟁이 제약을 어떻게 설명할 것인가에 대한 논쟁으로 귀착되는 것에 대해서는 MaCallum 1991을 보라. 나는 이 고전적인 논문에서 많은 것을 배웠다.

250 이 부분에 대해서는 많은 논의가 진행되어왔다. Pocock 1985, pp.41~2; Schneewind 1993, pp.187~192; Pettit 1997, pp.32~33, 38~39.

251 Hobbes 1996, p.149.

252 Hobbes 1996, p.149.

253 Scott 1993, pp.155~63은 이 부분의 중요성을 간과하고 있다. 그는 해링턴
이 고전적 공화주의의 도덕을 희생시킨 홉스의 제자라고 기술하고 있다.

254 Harrington 1992, p.20.

255 Sidney 1990, III. 16, pp.402~3; III. 21, p.440 참조.

256 그 연설과 그것의 맥락에 대해서는 Elton 1960, pp.254~255, 262~263을 보
라.

257 Roper 1963, p.9.

258 More 1965, p.56.

259 More 1965, p.56. 또한 그 예에 대해서는 More 1965, p.84를 보라. 히스로디
의 이러한 의심은 More 1965, p.102에 잘 요약되어 있다.

260 More 1965, p.54.

261 이 주제에 대해서는 Adams 1991과 Worden 1996, 특히 pp.217~224를 보라.

262 궁정 문화에 대한 문학에 나타난 염탐꾼들에 관해서는 Archer 1993을 보라.

263 궁정에서의 위선의 필요성에 대해서는 Javitch 1978을 보라; 타키투스와 궁
정 중심의 정치에 대해서는 Smuts 1994, 특히 pp.25~40을 보라.

264 Sidney 1990, II. 19, pp.187, 188.

265 Sidney 1990, II. 25, p.252; II. 19, p.188.

266 Sidney 1990, II. 11, p.140.

267 Sidney 1990, II. 28, p.271.

268 Sidney 1990, II. 19, p.185.

269 Sidney 1990, II. 27, p.266.

270 Sidney 1990, II. 25, p.256.

271 Sidney 1990, II. 28, p.271.

272 Sidney 1990, II. 28, p.274.

273 Sidney 1990, III. 19, p.435.

274 리비우스도 이러한 의미로 이 단어를 사용한 선례가 있다. Livy 23. 12. 9
(Livy 1940, p.38)을 보라.

275 Bacon 1972, p.131.

276 Wither 1874, p.5.

277 [F., C] 1812, p.217.

278 Harrington 1992, p.36; Neville 1969, p.185도 참조.

279 Nedham 1969, p.167; Neville 1969, p.121.

280 Neville 1969, p.167; Sidney 1990, II. 19, p.186; II. 25, p.257

281 Milton 1962, pp.344, 392; Milton 1980, p.424; Sidney 1990, II. 25, p.255; II. 28, p.272; II. 28, p.277. 이러한 이상의 후대의 운명에 대해서는 Burrow 1988, 특히 pp.86~93을 보라.

282 Milton 1962, p.455; Milton 1980, p.425; Neville 1969, p.190; Sidney 1990, II. 14, p.161; II. 27, p.269.

283 Milton 1980, pp.425~426, 428, 460~1; Sidney 1990, II. 25, pp.251, 254~255;n. 28, pp.272, 274, 277.

284 Harrington 1992, p.5; Milton 1980, pp.426~427; Sidney 1990, in. 34, p.515.

285 린드, 벤담 그리고 펠리의 저술들에서 이러한 비판이 어떻게 전개되는가에 대해서는 Miller 1994, 특히 pp.379~399, 그리고 Pettit 1997, pp.41~50을 보라.

286 Blackstone 1765~9, vol. I, p.130은 신민의 자유에 대한 홉스적인 정의를 그대로 보여주고 있다. 그것에 의하면 자유는 오로지 '투옥 혹은 구속'에 의해서만 침해받는다. 블랙스톤의 『논평Commentaries』에 나타난 이러한 측면에 대해서는 Lieberman 1989, 특히 pp.36~40을 보라.

287 프라이스와 같은 저술가들이 다시 주장한 신로마적 이론에 대한 린드의 공격에 대해서는 Long 1977, pp.51~57을 보라.

288 펠리와 벤삼에 관해서는 Long 1977, 특히 pp.178~191을 보라; 펠리와 오스틴에 관해서는 Austin 1995, pp.159~160을 보라; 오스틴의 홉스와 벤삼에 대한 찬양에 대해서는 Austin 1995, pp.229~234의 긴 각주를 보라.

289 Sidgwick 1897, p.45.

290 Sidgwick 1897, p.375.

자유와 역사가

291 이러한 생각을 탁월하게 실천하고 있는 학자의 후회 없는 생각에 대해서는— 그 과정에서 그러한 주장들이 그대로 다시 기술되고 있는데—Warrender 1979를 보라.

292 Collingwood 1939, 특히 p.16.

293 Laslett 1988, 특히 pp.45~66.

294 여기서 반드시 한 사람의 이름을 각별히 기억해야 한다. 바로 존 던John Dunn 이다. 그는 1968년에 그와 같은 역사적 접근을 옹호하는 글을 발표했다 (Dunn 1980을 보라). 그리고 그것을 존 로크에 대한 그의 고전적 연구에 적용 하였다(Dunn 1969를 보라).

295 Namier 1955, p.4.

296 Butterfield 1957, p.209; Acton 1960a, p.3 참조.

297 예를 들어 Brooke 1961, 특히 pp.21~22, 24~25를 보라.

298 이러한 발전에 대한 포콕 자신의 회고에 대해서는 Pocock 1985, pp.1~34와 Pocock 1987을 보라.

299 이러한 논의를 좀더 자세하게 보려면 Skinner 1974를 보라.

300 Elton 1991, p.12.

301 Warrender 1979, 특히 p.939를 보라. 이러한 주장이 강력하게 개진되고 있 다.

302 Gunnell 1982, p.327.

303 Tarlton 1873, p.314.

304 Acton 1906b, p.57. Patrick Collinson 1967은 그 언명을 『엘리자베스여왕 시 대의 청교도 운동』의 권두언 가운데 하나로 인용하고 있다. 그러나 물론 그 것은 아이러니를 시사하는 것 그 이상의 의미를 지닌다.

305 나는 이 문제에 대해 내 의견을 Skinner 1997에서 개진했다.

306 그렇다고 아무도 그것에 대해 알지 못한다는 것은 아니다. 예외적으로 계몽 적인 논의가 Copp 1980 그리고 Runciman 1997, 특히 pp.6~35, 223~261에 서 개진되고 있다.

307 메이틀랜드는 이러한 일반적인 주제에 대해서 세 편의 중요한 글을 1900년 과 1903년 사이에 썼다. Maitland 1911, vol. Ill, pp.210~243, 244~270, 이러 한 연구가 풍기는 정치적 지향에 대해서는 Burrow 1988, 특히 pp.135~45를 보라.

308 메이틀랜드가 왕과 국가를 '단독 법인'으로 규정한 것에 대해서는, 각각 Gamett 1996, 특히 pp.171~172, 212~214와 Runciman 1997, 특히 pp.96~107, 118~123을 보라.

309 나는 고고학이라는 말을 미셸 푸코가 의미했던 것보다는 일상적인 의미로
더 많이 사용했다. 그럼에도 불구하고 푸코가 말하는 '사물의 층위'에 대한
'고고학적' 분석을 암시하려고도 했다. 나는 푸코의 그러한 분석 방법에서
많은 영향을 받은 바 있다. Foucault 1972, 특히 pp.135~140을 보라.

310 Berlin 1958, pp.43, 10n.

311 Berlin 1958, pp.39, 42, 43.

312 Berlin 1958, pp.56, 7. 벌린은 결론적으로 '소극적' 자유론을 고전적 자유주
의의 자유론과 동일시 (혹은 혼동)하고 있다. 그리고 그것을 그가 '자아 실현'
으로서 '적극적' 자유 개념이라고 부른 것과 대조시키고 있다. 나도 '적극적'
자유론은 별도의 다른 개념으로 설명해야 한다는 데 동의한다. '적극적' 자
유론은 자유주의뿐만 아니라 신로마적 이론도 그러하듯이 자유를 행위를
위한 기회와 연관시키기보다는 어떤 정해져 있는 형태의 행위를 수행하는
것과 연관시킨다. 이 점에 대한 계몽적인 논의에 대해서는 Baldwin 1984를
보라. 또한 Skinner 1986, 특히 pp.232~235를 보라. 자유를 (찰스 테일러의 용
어대로) 단순히 '기회적' 개념으로만 볼 것이 아니라 '실천적' 개념으로 보아
야 한다는 주장을 옹호할 수 있는 것인지 여부는 별도의 문제며, 거기에 나
는 관심이 없다. 테일러 자신은 이 문제를 매우 흥미롭게 제기한다. Taylor
1979를 보라.

313 Berlin 1958, p.7; p.12 참조. 벌린은 거기서 '불간섭'을 '강제의 반대'라고 기
술한다.

314 Berlin 1958, pp.41, 43.

315 Berlin 1958, p.48; 또한 p.14도 참조.

316 Berlin 1958, p.14.

317 Berlin 1958, pp.14, 56.

318 Constant 1988, 특히 pp.321~323을 참조. 그는 자신이 고대적 자유라고 부
른 것을 찬양하는 사람들의 야망이 도편 추방과 검열제와 같이 명백하게 현
대 사회에는 맞지 않고 폭압적이기도 한 고대의 도시 국가들의 헌정 구조를
전적으로 복구하는 것이라고 주장한다.

319 나는 여기서 급진적 해석에 대한 도널드 데이비슨의 이론에 의존하고 있다.
Davidson 1984, 특히 pp.236~246을 보라. 물론 개인의 자유에 대해서 어떻
게 이해해야 하는가를 둘러싼 논쟁의 기저에는 연속성의 좀더 깊은 층위가

있을 것이다. 결론적으로 그 논쟁은 과연 종속을 제약의 한 종으로 보아야만 하는가 하는 물음을 놓고 벌어지고 있다. 그러나 양측 모두 자유의 개념은 기본적으로 제약의—그 단어의 몇몇 해석이 있기는 해도—부재로 이해해야 한다고 생각한다. 이러한 예를 고려하는 것이 중요한 이유는 이제는 잃어버린 세계로부터 오는 생소한 가치를 적용하기 위해서가 아니다. 그것은 단지 우리와 그리고 사라진 세계가 공통으로 지닌 가치를 읽어내는 일이 사라졌음을 폭로하기 위해서였다.

320 Nietzche 1994, p.10.

보론: 로크의 자유론

1 이러한 전통적 해석을 대변하는 국내 연구로는 다음을 참조. 송규범, 『존 로크의 정치사상』(아카넷, 2015)

2 Isaiah Berlin, Four Essays on Liberty (Oxford; Oxford University Press, 1969), pp.118~172.

3 Philip Pettit, Republicanism, *A Theory of Freedom and Government* (Oxford; Oxford University Press, 1997),p.40; Philip Pettit and Frank Lovett, "Neorepublicanism: A Normative and Institutional Research Program", *Annual Review of Political Science*, 12 (2009) p.15.

4 Quentin Skinner, "On Trusting the Judgement of Our Rulers" in Richard Bourke, ed, *Political Judgement: Essays for John Dunn* (Cambridge; Cambridge University Press, 2009), pp.113~130.

5 John Milton, *The Tenure of Kings and Magistrates*,(1649) in Martin Dzelzainis, ed. *Milton, Political Writings* (Cambridge; Cambridge University Press, 1991), pp.8~13.

6 Ibid., p.8

7 Milton, *A Defence of the People of England* (1651), in Ibid., p.80.

8 Milton, *Tenure of Kings*, pp.10~12, 32.

9 Milton, *A Defence*, p.88.

10 Milton, *The Readie and Easie Way to Establish a Free Commonwealth* (1660) in

Merritt Y. Hughes, ed, *Complete Prose Works of John Milton* (New Haven; Yale University Press, 1962), VII, pp.420, 424, 432.

11 Thomas Hobbes, *Leviathan* (1651) ed. by C.B. Macpherson (Harmondsworth; Penguin, 1968),pp.189, 261, 262, 264.

12 *Leviathan*, pp.189, 261~262, 667.

13 *Leviathan*, pp. 267~268, 369, 698~699.

14 스키너는 좀더 좁은 맥락에서 볼 때 홉스의 자유론이 인민의 동의를 얻지 않았다는 이유로 크롬웰 공화국의 정통성을 부인하는 수평파의 자유론을 비판한 것이라고 해석한다. Quentin Skinner, "Thomas Hobbes on the Proper Signification of Liberty", *Transactions of the Royal Historical Society*, 40 (1990), pp.121~151.

15 *Leviathan*, pp.273, 356, 367.

16 *Leviathan*, p.273.

17 *Leviathan*, pp.264, 266.

18 James Harrington, *The Commonwealth of Oceana* (1656), p.20.

19 Blair Worden, " James Harrington and *The Commonwealth of Oceana*,1656", in David Wootton, ed. Republicanism, *Liberty, and Commercial Society, 1649~1776* (Stanford; Stanford University Press, 1994), pp.105~106.

20 Philip Pettit, *Republicanism, A Theory of Freedom and Government*, pp.38~39.

21 Harrington, *Oceana*, p.8.

22 M. M. Goldsmith, "Liberty, Virtue, And the Rule of Law, 1689~1770", in David Wootton, ed. *Republicanism, Liberty,*,pp.198~200.

23 Robert Filmer, *Patriarcha,or the Natural Power of Kings* (1680) in Peter Laslett, ed, *Patriarcha and Other Political Works,* (Oxford; Blackwell, 1949), pp.53~63.

24 John Locke, *Two Treatises of Government* (1680), II. sect.22.

25 Ibid., II. sect.6.

26 Ibid., II. sect.4.

27 Ibid., II. sect.54.

28 Ibid., II. sect.57.

29 John Locke, *An Essay Concerning Human Understanding* (1690), II. chapter21, sect 51.

30 John Locke, *Two Treatises of Government* (1680), II. sect.63.

31 Ibid., II. sect.6.

32 Ibid., I. sect.86.

33 Ibid., I. sect.35.

34 Ibid., I. sect.46.

35 Ibid., I. sect.47.

36 Ibid., I. sect.48.

37 Isaiah Berlin, *Four Essays on Liberty*. p.131. 소극적 자유론에 대해서는 다음을 참조. 조승래, "소극적 자유론의 전통", 『영국연구』 6 (2001), pp. 45~64.

38 Ibid.,p.148.

39 Ibid.,p.124, 126

40 Ibid.,p.147.

41 Ibid.,p.129.

42 Quentin Skinner, *Liberty before Liberalism*, (Cambridge: Cambridge University Pres, 1998)조승래 역,『자유주의 이전의 자유』(서울; 푸른역사, 2007) Philip Pettit, *Republicanism, A Theory of Freedom and Government*. (Oxford; Oxford University Press, 1997)

43 Philip Pettit, "Keeping Republican Freedom Simple, On a Difference with Quentin Skinner", *Political Theory*, 30, 3 (2002), pp. 339~356.

44 Philip Pettit, "Liberal/Communitarian : MacIntyre's Mesmeric Dichotomy", in John Horton and Susan Mendus, ed. *After MacIntyre, Critical Perspectives on the Work of Alasdair MacIntre* (Cambridge: Polity, 1994),176~204; "Reworking Sandel's Republicanism", *Journal of Philosophy*, 95, 2 (1998), pp.73~96.

45 Philip Pettit and Frank Lovett, "Neorepublicanism: A Normative and Institutional Research Program", *Annual Review of Political Science*, 12 (2009), p.15. 이러한 페티트의 해석에 동조하는 주장은 다음을 참조. Lena Halldenius, "Locke and the Non-Arbitrary", *European Journal of Political Theory*, 2.3 (2003), pp.261~266.

46 John Locke, *Two Treatises of Government* (1680), II. sect.4.

47 Philip Pettit, *Republicanism, A Theory of Freedom and Government*, pp.37~40.

48 Ibid., pp.200~202.

49 Ibid., pp.99~101.

50 Quentin Skinner, *Liberty before Liberalism* (Cambridge, 1998), 조승래 역, 『자유주의 이전의 자유』(서울, 2007); "Freedom as the Absence of Arbitrary Power" in Cécile Laborde and John Maynor, eds, *Republicanism and Political Theory* (Oxford; Blackwell, 2008), pp.83~101; Quentin Skinner, "Rethinking Political Liberty". *Historical Workshop Journal*, 61 (2006), pp.156~170; 조승래, "공화주의 자유론에 대하여", 『서양사학연구』 15 (2006), pp.119~144.

51 Skinner, "The Paradoxes of Political Liberty" in David Miller, ed. *Liberty* (Oxford; Oxford University Press, 1991) p.184.

52 John Locke, *An Essay Concerning Human Understanding* (1690), II. chapter21, sect 21.

53 Quentin Skinner, *Liberty before Liberalism*, p.27.

54 Ibid., p.55.

55 Ibid., pp.51~53, 69~70, 72~73.

56 Quentin Skinner, "On Trusting the Judgement of Our Rulers" in Richard Bourke, ed, *Political Judgement: Essays for John Dunn*, pp.113~130.

57 Ibid., pp.121~122..

58 Milton, Eikonoklastes in Merritt Y. Hughes, ed, *Complete Prose Works of John Milton* (New Haven; Yale University Press, 1962), III, p.458.

59 John Locke, *Two Treatises of Government* (1680), II. sect.14.

60 Ibid., pp.127~128.

61 Mark Goldie, "Introduction" in John Locke, *Two Treatises of Government* (London; Everyman, 1993), xxv.

62 James Tully, *An Approach to Political Philosophy: Locke in Contexts* (Cambridge; Cambridge University Press, 1993), p.306.

참고문헌

PRIMARY SOURCES

Austin, John (1995). *The Province of Jurisprudence Determined,* ed. Wilfrid E. Rumble, Cambridge.

Bacon, Francis (1972). *Essays,* ed. Michael J. Hawkins, London.

Blackstone, William (1765~9). *Commentaries on the Laws of England,* 4 vols., Oxford.

Bolingbroke, Henry St John, Viscount (1997). *Political Writings,* ed. David Armitage, Cambridge.

[Bramhall, John] (1643). *The Serpent Salve,* n. p.

Constant, Benjamin (1988). *The Liberty of the Ancients Compared with that of the Moderns in Political Writings,* ed. Biancamaria Fontana, Cambridge, pp. 309~28.

Digest of Justinian, The (1985). Ed. Theodor Mommsen and Paul Krueger, translation ed. Alan Watson, 4 vols., Pennsylvania.

[Digges, Dudley] (1643). *The Unlawfulnesse of Subjects taking up Armes against their Soveraigne, in what case soever,* London.

Englands Absolute Monarchy (1642). London.

[F., C.] (1812). *A Letter to his Grace the Duke of Monmouth* in *A Collection of Scarce and Valuable Tracts*, vol. VIII, ed. Walter Scott, 2nd edn, London, pp. 216~19.

Filmer, Sir Robert (1991). *Patriarcha and Other Writings*, ed. Johann P. Sommerville, Cambridge.

Gardiner, Samuel Rawson (1906). *The Constitutional Documents of the Puritan Revolution 1625~1660*, 3rd edn, Oxford.

H[all], J[ohn] (1700). *The Grounds & Reasons of Monarchy Considered* in *The Oceana of James Harrington, and his Other Works*, ed. John Toland, London, pp. 1~32.

Harrington, James (1992). *The Commonwealth of Oceana* and *A System of Politics*, ed. J. G. A. Pocock, Cambridge.

Hayward, John (1603). *An Answer to the First Part of a Certaine Conference, Concerning Succession*, London.

Hobbes, Thomas (1969). *Behemoth or the Long Parliament*, ed. Ferdinand Tönnies, introd. M. M. Goldsmith, 2nd edn, London.

(1983). *De Cive: The Latin Version*, ed. Howard Warrender, Oxford: Clarendon edition, vol. II.

(1996). *Leviathan, or The Matter, Forme, & Power of a Common-wealth Ecclesiasticall and Civill*, ed. Richard Tuck, revised student edn, Cambridge.

[Hunton, Philip] (1643). *A Treatise of Monarchy*, London.

Livy (1600). *The Romane Historie Written by T. Livius of Padua*, trans. Philemon Holland, London.

(1919). *Livy, Books I and II, trans,* and ed. B. O. Foster, London.

(1922). *Livy, Books III and IV,* trans, and ed. B. O. Foster, London.

(1924). *Livy, Books V-VII,* trans, and ed. B. O. Foster, London.

(1926). *Livy, Books VIII-X,* trans, and ed. B. O. Foster, London.

(1935). *Livy, Books XXXV-XXXVII,* trans, and ed. Evan T. Sage, London.

(1938). *Livy, Books XL-XLII,* trans, and ed. Evan T. Sage and Alfred C. Schlesinger, London.

(1940). *Livy, Books XXIII-XXV,* trans, and ed. Frank Gardner Moore, London.

Locke, John (1988). *Two Treatises of Government,* ed. Peter Laslett, student edn, Cambridge.

Macaulay, Thomas Babington, Lord (1863). *The History of England from the Accession of James the Second,* 4 vols., London.

Machiavelli, Niccolò (1960). *Il principe e Discorsi sopra la prma deca di Tito Livio,* ed. Sergio Bertelli, Milan.

Maitland, Frederic William (1911). *The Collected Papers,* ed. H. A. L. Fisher, 3 vols., Cambridge.

[Maxwell, John] (1644). *Sancro-sancta Regum Majestatis: Or; The Sacred and Royall Prerogative of Christian Kings,* Oxford.

Mill, John Stuart (1989). *The Subjection of Women in On Liberty, with The Subjection of Women and Chapters on Socialism,* ed. Stefan Collini, Cambridge, pp. 117217.

Milton, John (1962). *Eikonoklastes in Complete Prose Works of John Milton*, vol. III, ed. Merrit Y. Hughes, New Haven, Conn., pp. 336~601.

 (1980). *The Readie and Easie Way to Establish a Free Commonwealth in Complete Prose Works of John Milton,* vol. VII, ed. Robert W. Ayers, revised edn, New Haven, Conn., pp. 407~63.

 (1991). *The Tenure of Kings and Magistratesin Political Writings*, ed. Martin Dzelzainis, Cambridge, pp. 148.

More, Thomas (1965). *Utopia in The Complete Works of St Thomas More,* vol. IV, ed. Edward Surtz, S. J. and J. H. Hexter, New Haven, Conn.

Nedham, Marchamont (1767). *The Excellency of a Free State,* ed. Richard Baron, London.

Neville, Henry (1969). *Plato Redivivus: or, a Dialogue Concerning Government in Two English Republican Tracts,* ed. Caroline Robbins, Cambridge, pp. 65~200.

Nietzsche, Friedrich (1994). *On the Genealogy of Morality,* ed. Keith Ansell-Pearson, trans. Carol Diethe, Cambridge.

[Osborne, Francis] (1811). *A Perswasive to A Mutuall Compliance under the Present Government. Together with A Plea for A Free State Compared with Monarchy in A Collection of Scarce and Valuable Tracts,* vol. VI, ed. Walter Scott, 2nd edn,

London, pp. 153~77.

Paley, William (1785). *The Principles of Moral and Political Philosophy*, London.

[Parker, Henry] (1934). *Observations upon some of his Majesties late Answers and Expresses in Tracts on Liberty in the Puritan Revolution 1638~1647*, ed. William Haller, New York.

Plautus (1924). *Mostellaria, in Plautus,* vol. III, trans, and ed. Paul Nixon, London.

Price, Richard (1991). *Two Tracts on Civil Liberty in Political Writings,* ed. D. O. Thomas, Cambridge, pp. 14~100.

Priestley, Joseph (1993). *An Essay on the First Principles of Government, and on the Nature of Political, Civil, and Religious Liberty* in Political Writings, ed. Peter N. Miller, Cambridge, pp. 1~127.

Pufendorf, Samuel (1672). *De Iure Naturae et Gentium Libri Octo,* Londini Scanorum.

　(1703). *Of the Law of Nature and Nations,* Oxford.

Rapin de Thoryas, Paul de (1732~3). *The History of England,* 2 vols., trans. N. Tindall, 2nd edn, London.

Roper, William (1963). *The Life of Sir Thomas More, Knight in Lives of Saint Thomas More,* ed. E. E. Reynolds, London, pp. 1~50.

Sallust (1931). *Bellum Catilinae in Sallust,* trans, and ed. J. C. Rolfe, London, pp. 1~128.

Seneca (1928~35). *Moral Essays,* trans, and ed. John W. Basore, 3 vols., London.

Sidgwick, Henry (1897). *The Elements of Politics,* 2nd edn, London.

Sidney, Algernon (1990). *Discourses concerning Government,* ed. Thomas G. West, Indianapolis.

Tacitus (1914~37). *The Annals,* trans, and ed. John Jackson in *Tacitus, 5* vols., London.

Williams, G[riffith] (1643). *Vindiciae Regum; or The Grand Rebellion,* Oxford.

Wither, George (1874). *To the Parliament, and People of the Commonwealth of England,* prefatory address to *The Dark Lantern* in *Miscellaneous Works of George Wither,* third collection, London, pp. 5~8.

SECONDARY SOURCES

Acton, John Emerich Dalberg, Lord (1906a). 'Inaugural Lecture on the Study of History' in *Lectures on Modern History,* ed. J. N. Figgis and R. V. Laurence, London.

(1906b). Letter XXVI in *Lord Acton and his Circle,* ed. F. A. Gasquet, London, pp. 54~7.

Adamo, Pietro (1993). 'L'interpretazione revisionista della rivoluzione inglese', *Studi storici* 34, pp. 849~94.

Adams, Simon (1991). 'Favourites and Factions at the Elizabethan Court' in *Princes, Patronage and the Nobility: The Court at the Beginning of the Modern Age c. 1450~1650,* ed. Ronald G. Asch and Adolf M. Birke, Oxford, pp. 265~87.

Archer, John Michael (1993). *Sovereignty and Intelligence: Spying and Court Culture in the English Renaissance,* Stanford, Cal.

Armitage, David (1995). 'John Milton: Poet against Empire' in *Milton and Republicanism,* ed. David Armitage, Armand Himy and Quentin Skinner, Cambridge, pp. 206~25.

Bailyn, Bernard (1965). *The Ideological Origins of the American Revolution,* Cambridge, Mass.

Baldwin, Tom (1984). 'MacCallum and the Two Concepts of Freedom', *Ratio 26,* pp. 125~42.

Baron, Hans (1966). *The Crisis of the Early Italian Renaissance,* 2nd edn, Princeton, N. J.

Barton, Anne (1984). *Ben Jonson, Dramatist,* Cambridge.

Berlin, Isaiah (1958). *Two Concepts of Liberty: An Inaugural Lecture delivered before the University of Oxford on 31 October 1958,* Oxford.

Brett, Annabel S. (1997). *Liberty, Right and Nature: Individual Rights in Later Scholastic Thought,* Cambridge.

Brooke, John (1961). 'Party in the Eighteenth Century' in *Silver Renaissance: Essays in Eighteenth-Century English History,* ed. Alex Natan, London, pp. 20~37.

Brunt, P. A. (1988). '*Libertas* in the Republic' in *The Fall of the Roman Republic and Related Essays,* Oxford, pp. 281~350.

Burrow, J. W. (1988). *Whigs and Liberals: Continuity and Change in English Political Thought,* Oxford.

Butterfield, Herbert (1957). *George III and the Historians,* London.

Canovan, Margaret (1978). 'Two Concepts of Liberty-Eighteenth Century Style', *The Price-Priestley Newsletter* 2, pp. 27~43.

Charvet, John (1993). 'Quentin Skinner on the Idea of Freedom', *Studies in Political Thought* 2, pp. 516.

Colish, Marcia (1971). 'The Idea of Liberty in Machiavelli', *Journal of the History of Ideas* 32, pp. 323~50.

Collingwood, R. G. (1939). *An Autobiography,* Oxford.

Collinson, Patrick (1967). *The Elizabethan Puritan Movement,* London.

(1987). 'The Monarchical Republic of Queen Elizabeth I', *Bulletin of the John Rylands University Library of Manchester 69,* pp. 394~424.

(1988). *The Birthpangs of Protestant England: Religious and Cultural Change in the Sixteenth and Seventeenth Centuries,* London.

(1990). *De Republica Anglorum Or, History with the Politics Put Back: Inaugural Lecture delivered 9 November 1989,* Cambridge.

Copp, David (1980). 'Hobbes on Artificial Persons and Collective Actions', *Philosophical Review 89,* pp. 579606.

Corns, Thomas N. (1995). 'Milton and the Characteristics of a Free Commonwealth' in *Milton and Republicanism,* ed. David Armitage, Armand Himy and Quentin Skinner, Cambridge, pp. 25~42.

Davidson, Donald (1984). *Inquiries into Truth and Interpretation,* Oxford.

Dunn, John (1969). *The Political Thought of John Locke: An Historical Account of the Argument of the 'Two Treatises of Government',* Cambridge.

(1980). 'The Identity of the History of Ideas' in *Political Obligation in its Historical Context,* Cambridge, pp. 13~28.

Dzelzainis, Martin (1995). 'Milton and the Protectorate in 1658' in *Milton and Republicanism,* ed. David Armitage, Armand Himy and Quentin Skinner,

Cambridge, pp. 181~205.

Elton, G. R. (1960). *The Tudor Constitution: Documents and Commentary*, Cambridge.

(1974). *Studies in Tudor and Stuart Politics and Government*, 2 vols., Cambridge.

(1991). *Return to Essentials: Some Reflections on the Present State of Historical Study*, Cambridge.

Fink, Z. S. (1962). *The Classical Republicans: An Essay in the Recovery of a Pattern of Thought in Seventeenth-Century England*, 2nd edn, Evanston, Ill.

Forbes, Duncan (1975). *Hume's Philosophical Politics*, Cambridge.

Foucault, Michel (1972). *The Archaeology of Knowledge*, trans. A. M. Sheridan Smith, London.

Frank, Joseph (1980). *Cromwell's Press Agent: A Critical Biography of Marchamont Nedham, 1620~1678*, Lanham, Md.

Garnett, George (1996). 'The Origins of the Crown', *Proceedings of the British Academy 89*, pp. 171~214.

Garnsey, Peter (1996). *Ideas of Slavery from Aristotle to Augustine*, Cambridge.

Gauthier, David P. (1969). *The Logic of Leviathan: The Moral and Political Theory of Thomas Hobbes*, Oxford.

Gierke, Otto (1960). *Natural Law and the Theory of Society 1500 to 1800*, trans. Ernest Barker, Boston, Mass.

Gunnell, John G. (1982). 'Interpretation and the History of Political Theory: Apology and Epistemology', *American Political Science Review 76*, pp. 317~27.

Harris, Tim (1990). '"Lives, Liberties and Estates": Rhetorics of Liberty in the Reign of Charles II' *in The Politics of Religion in Restoration England*, ed. Tim Harris, Paul Seaward and Mark Goldie, Oxford, pp. 217~41.

Houston, Alan Craig (1991). *Algernon Sidney and the Republican Heritage in England and America*, Princeton, N.J.

Javitch, Daniel (1978). Poetry and Courtliness in Renaissance England, Princeton, N.J.

Judson, Margaret A. (1949). *The Crisis of the Constitution: An Essay in Constitutional and Political Thought in England 1603~1645*, New Brunswick, N.J.

Kenyon, J. P. (1966). *The Stuart Constitution 1603~1688: Documents and Commentary*, Cambridge.

Laslett, Peter (1988). Introduction to John Locke, *Two Treatises of Government*, student edn, Cambridge, pp. 3~126.

LeMahieu, D. L. (1976). *The Mind of William Paley: A Philosopher and his Age*, London.

Levack, Brian P. (1973). *The Civil Lawyers in England 1603~1641: A Political Study*, Oxford.

Lieberman, David (1989). *The Province of Legislation Determined: Legal Theory in Eighteenth-Century Britain*, Cambridge.

Long, Douglas G. (1977). *Bentham on Liberty: Jeremy Bentham's Idea of Liberty in Relation to his Utilitarianism*, Toronto.

MacCallum, Gerald C., Jr. (1991). 'Negative and Positive Freedom' in Liberty, ed. David Miller, Oxford, pp. 100~22.

MacLachlan, Alastair (1996). *The Rise and Fall of Revolutionary England: An Essay on the Fabrication of Seventeenth-Century History*, London.

Mendle, Michael (1995). *Henry Parker and the English Civil War: The Political Thought of the Public's 'Privado'*, Cambridge.

Miller, David (1991). Introduction to *Liberty*, ed. David Miller, Oxford, pp. 1~20.

Miller, Peter N. (1994). *Defining the Common Good: Empire, Religion and Philosophy in Eighteenth-Century Britain*, Cambridge.

Namier, L. B. (1955). *Personalities and Powers*, London.

Norbrook, David (1994). 'Lucan, Thomas May, and the Creation of a Republican Literary Culture' in *Culture and Politics in Early Stuart England*, ed. Kevin Sharpe and Peter Lake, London, pp. 45~66.

Oldfield, Adrian (1990). *Citizenship and Community: Civic Republicanism and the Modern World*, London.

Patten, Alan (1996). 'The Republican Critique of Liberalism', *British Journal of Political Science 26*, pp. 25~44.

Peltonen, Markku (1995). *Classical Humanism and Republicanism in English Political Thought 1570~1640*, Cambridge.

Pettit, Philip (1993a). 'Negative Liberty, Liberal and Republican', *European Journal of Philosophy* 1, pp. 15~38.

 (1993b). 'Liberalism and Republicanism', *Australasian Journal of Political Science* 28, pp. 162~89.

 (1997). Republicanism: *A Theory of Freedom and Government,* Oxford.

Pitkin, Hanna Fenichel (1988). 'Are Freedom and Liberty Twins?' *Political Theory* 16, pp. 523~52.

Pocock, J. G. A. (1975). *The Machiavellian Moment: Florentine Political Thought and the Atlantic Republican Tradition,* Princeton, N. J.

 (1977). Historical Introduction to *The Political Works of James Harrington,* Cambridge, pp. 1~152.

 (1985). *Virtue, Commerce, and History: Essays on Political Thought and History, Chiefly in the Eighteenth Century,* Cambridge.

 (1987). "The Concept of a Language and the *Métier d'Historien:* Some Considerations on Practice' in *The Languages of Political Theory in Early-Modern Europe,* ed. Anthony Pagden, Cambridge, pp. 19~38.

Pocock, J. G. A. and Schochet, Gordon J. (1993). 'Interregnum and Restoration' in *The Varieties of British Political Thought, 1500~1800,* ed. J. G. A. Pocock, Cambridge, pp. 146~79.

Raab, Felix (1964). *The English Face of Machiavelli: A Changing Interpretation 1500~1700,* London.

Rahe, Paul A. (1992). *Republics Ancient and Modern: Classical Republicanism and the American Revolution,* Chapel Hill, N.C.

Rawls, John (1971). *A Theory of Justice,* Cambridge, Mass.

Robbins, Caroline (1959). *The Eighteenth-Century Commonwealthman: Studies in the Transmission, Development and Circumstance of English Liberal Thought from the Restoration of Charles II until the War with the Thirteen Colonies,* Cambridge, Mass.

Runciman, David (1997). *Pluralism and the Personality of the State,* Cambridge.

Salmon, J. H. M. (1959). *The French Religious Wars in English Political Thought,* Oxford.

Sanderson, John (1989). '*But the People's Creatures': The Philosophical Basis of the English Civil War,* Manchester.

Schneewind, J. B. (1993). 'Classical Republicanism and the History of Ethics', *Utilitas,* 5, pp. 185~207.

Scott, Jonathan (1988). *Algernon Sidney and the English Republic, 1623~1677,* Cambridge.

(1991). *Algernon Sidney and the Restoration Crisis, 1677~1683,* Cambridge.

(1992). 'The English Republican Imagination' in *Revolution and Restoration: England in the 1650s,* ed. John Morrill, London, pp. 35~54.

(1993). 'The Rapture of Motion: James Harrington's Republicanism' in *Political Discourse in Early Modern Britain,* ed. Nicholas Phillipson and Quentin Skinner, Cambridge, pp. 139~63.

Skinner, Quentin (1972). 'Conquest and Consent: Thomas Hobbes and the Engagement Controversy' in *The Interregnum: The Quest for Settlement,* ed. G. E. Aylmer, London, pp. 79~98.

(1974). 'The Principles and Practice of Opposition: The Case of Bolingbroke versus Walpole' in *Historical Perspectives,* ed. Neil McKendrick, London, pp. 93~128.

(1978). *The Foundations of Modern Political Thought,* 2 vols., Cambridge.

(1981). *Machiavelli,* Oxford.

(1983). 'Machiavelli on the Maintenance of Liberty', *Politics* 18, pp. 3~15.

(1984). 'The Idea of Negative Liberty: Philosophical and Historical Perspectives' in *Philosophy in History,* ed. Richard Rorty, J. B. Schneewind and Quentin Skinner, Cambridge, pp. 193~221.

(1986). 'The Paradoxes of Political Liberty' in *The Tanner Lectures on Human Values,* vol. VII, ed. Sterling M. McMurrin, Cambridge, pp. 225~50.

(1988). *Meaning and Context,* ed. James Tully, Cambridge.

(1989). 'The State' in *Political Innovation and Conceptual Change,* ed. Terence Ball, James Farr and Russell L. Hanson, Cambridge, pp. 90~131.

(1990a). 'Thomas Hobbes on the Proper Signification of Liberty', *Transactions of the Royal Historical Society* 40, pp. 121~51.

(1990b). 'Machiavelli's *Discorsi* and the Pre-humanist Origins of Republican Ideas' in *Machiavelli and Republicanism*, ed. Gisela Bock, Quentin Skinner and Maurizio Viroli, Cambridge, pp. 121~41.

(1990c). 'The Republican Ideal of Political Liberty' in *Machiavelli and Republicanism*, ed. Gisela Bock, Quentin Skinner and Maurizio Viroli, Cambridge, pp. 293~309.

(1997). 'Sir Geoffrey Elton and the Practice of History', *Transactions of the Royal Historical Society* 47, pp. 301~316

Smith, Nigel (1994). *Literature and Revolution in England 1640~1660*, London.

(1995). 'Popular Republicanism in the 1650s: John Streater's "Heroick Mechanicks'" in *Milton and Republicanism*, ed. David Armitage, Armand Himy and Quentin Skinner, Cambridge, pp. 137~55.

Smuts, Malcolm (1994). 'Court-Centred Politics and the Uses of Roman Historians, c.1590~1630' in *Culture and Politics in Early Stuart England*, ed. Kevin Sharpe and Peter Lake, London, pp. 21~43.

Sommerville, Margaret R. (1995). *Sex and Subjection: Attitudes to Women in Early-Modern Society*, London.

Sommerville, J. P. (1986). *Politics and Ideology in England, 1603~1640*, London.

Spitz, Jean-Fabien (1995). *La liberté politique: Essai de généalogie conceptuelle*, Paris.

Tarlton, Charles D. (1973). 'Historicity, Meaning and Revisionism in the Study of Political Thought', *History and Theory* 12, pp. 307~28.

Taylor, Charles (1979). 'What's Wrong with Negative Liberty' in *The Idea of Freedom*, ed. Alan Ryan, Oxford, pp. 175~93.

Thomas, D. O. (1977). *The Honest Mind: The Thought and Work of Richard Price*, Cambridge.

Tuck, Richard (1993). *Philosophy and Government 1572~1651*, Cambridge.

Tully, James (1980). *A Discourse on Property: John Locke and his Adversaries*, Cambridge.

(1993). *An Approach to Political Philosophy: Locke in Contexts*, Cambridge.

Viroli, Maurizio (1992). *From Politics to Reason of State: The Acquisition and Transformation of the Language of Politics 1250~1600*, Cambridge.

Wallace, John M. (1964). 'The Engagement Controversy 1649~1652: An

Annotated List of Pamphlets', *Bulletin of the New York Public Library* 68, pp. 384~405.

Warrender, Howard (1979). 'Political Theory and Historiography: A Reply to Professor Skinner on Hobbes', *The Historical Journal* 22, pp. 931~40.

Wirszubski, C. (1960). *Libertas as a Political Idea at Rome during the Late Republic and Early Principate*, Cambridge.

Wootton, David (1994). 'Introduction: The Republican Tradition: From Commonwealth to Common Sense' in *Republicanism, Liberty, and Commercial Society, 1649~1776*, ed. David Wootton, Stanford, Cal., pp. 141.

Worden, Blair (1991). 'English Republicanism' in *The Cambridge History of Political Thought 1450~1700*, ed. J. H. Burns and Mark Goldie, Cambridge, pp. 443~75.

(1994a). 'Marchamont Nedham and the Beginnings of English Republicanism, 1649~1656' in *Republicanism, Liberty, and Commercial Society, 1649~1776*, ed. David Wootton, Stanford, Cal., pp. 45~81.

(1994b). 'James Harrington and *The Commonwealth of Oceana*, 1656' in *Republicanism, Liberty, and Commercial Society, 1649~1776*, ed. David Wootton, Stanford, Cal., pp. 82~110.

(1994c). 'Harrington's Oceana: Origins and Aftermath, 1651~1660' in *Republicanism, Liberty, and Commercial Society, 1649~1776*, ed. David Wootton, Stanford, Cal., pp. 111~38.

(1994d). 'Republicanism and the Restoration, 16601683' in *Republicanism, Liberty, and Commercial Society, 1649~1776*, ed. David Wootton, Stanford, Cal., pp. 139~93.

(1994e). 'Ben Jonson among the Historians' in *Culture and Politics in Early Stuart England*, ed. Kevin Sharpe and Peter Lake, London, pp. 67~89.

(1995). 'Milton and Marchamont Nedham' in *Milton and Republicanism*, ed. David Armitage, Armand Himy and Quentin Skinner, Cambridge, pp. 156~80.

(1996). *The Sound of Virtue: Philip Sidney's Arcadia and Elizabethan Politics*, London.

Zwicker, Steven N. (1993). *Lines of Authority: Politics and English Literary Culture, 1649~1689*, Ithaca, N.Y.

지은이　퀜틴 스키너Quentin Skinner

현대 공화주의의 부활을 이끈 정치사상사학계의 거장이자, 현대 지성사 연구의 방법론을 혁신한 '케임브리지 학파'의 거두. 케임브리지대에서 역사학을 전공하였고, 1965년부터 2008년까지 케임브리지대의 정치학과와 역사학과에 재직했다. 케임브리지대 근대사 흠정 교수를 역임했다. 현재는 퀸 메리대학교 인문학 명예교수이다. 1979년 울프슨 상을 수상한『근대 정치사상의 토대*The Foundations of Modern Political Thought*』를 포함, 여러 언어로 번역된 수많은 저서를 출간했다. 『홉스 철학에서 이성과 수사학*Reason and Rhetoric in the Philosophy of Hobbes*』『자유주의 이전의 자유*Liberty Before Liberalism*』『정치의 비전들*Visions of Politics*』『홉스와 공화주의적 자유*Hobbes and Republican Liberty*』『마키아벨리*Machiavelli*』등의 최근 저작이 있다.

옮긴이　조승래

서강대 대학원에서 18세기 공화주의 연구로 박사학위를 받았다. 청주대학교 역사문화학과 교수로 일하다 정년퇴직했다. 한국서양사학회 회장, 호서사학회 회장, 문화사학회 회장을 역임했으며, 민주화를위한전국교수협의회 공동의장과 사학개혁국민운동본부 대표를 맡아 활동하기도 했다. 저서로는『공화국을 위하여』『공공성 담론의 지적 계보』『국가와 자유』가 있다. 현재는 현대 사회의 여러 문제들을 공화주의적 시각에서 검토하고 대안을 모색하는 작업을 하고 있다.

자유주의 이전의 자유

초판 1쇄 인쇄 2026년 2월 13일
초판 1쇄 발행 2026년 2월 23일

지은이 퀜틴 스키너
옮긴이 조승래

편집 황도옥 이희연 이고호 | 디자인 이혜진 | 마케팅 김다정 박재원
브랜딩 함유지 김은솔 박민재 이송이 박다솔 조다현 김하연 이준희 신은서
저작권 박지영 형소진 주은수 오서영 조경은 | 모니터 이원주
제작 강신은 김동욱 이순호 | 제작처 천광인쇄사(인쇄) 신안문화사(제본)

펴낸곳 (주)교유당 | 펴낸이 신정민
출판등록 2019년 5월 24일 제406-2019-000052호

주소 10881 경기도 파주시 회동길 210
문의전화 031.955.8891(마케팅) | 031.955.2680(편집) | 031.955.8855(팩스)
전자우편 gyoyudang@munhak.com

홈페이지 www.gyoyudang.com
인스타그램 @gyoyu_books | 트위터 @gyoyu_books | 페이스북 @gyoyubooks

ISBN 979-11-94523-74-1 03300

• 교유서가는 (주)교유당의 인문 브랜드입니다.
 이 책의 판권은 지은이와 (주)교유당에 있습니다.
 이 책 내용의 전부 또는 일부를 재사용하려면 반드시 양측의 서면 동의를 받아야 합니다.